1. Einleitung

Magerwiesen und -weiden gehören zu den artenreichsten Lebensräumen unserer Gegend. Beide werden vegetationskundlich unter dem Begriff «Magerrasen» zusammengefasst und sind ungedüngtes oder wenig gedüngtes Grünland. Die bedeutsamsten Magerweiden des Baselbiets befinden sich im Laufental, und einige von ihnen sind aus naturschützerischer Sicht von nationaler Bedeutung.

Die Region Basel ist auf Grund des Klimas und der Bodenbedingungen von Natur aus grundsätzlich reich an trockenwarmen Lebensräumen im Wald und im offenen Land, doch ist extensiv bewirtschaftetes Kulturland in unserer durch Wald, Siedlung und Landwirtschaftsland geprägten Gegend selten geworden. Seit 1950 nahmen die Magerweiden und -wiesen gebietsweise um bis zu 90 Prozent ab. In einigen Laufentaler Gemeinden hingegen sind sie grossflächig erhalten geblieben und haben nur wenig von ihrem Artenreichtum eingebüsst. Generell sind hier noch mehr alte Landschaftsstrukturen erhalten geblieben als im restlichen Kantonsteil. Dazu gehören auch die Magerweiden, die ihren Artenreichtum der Jahrhunderte langen extensiven Nutzung durch den Menschen verdanken.

Dieser Exkursionsführer fasst die drei Magerweiden von Nenzlingen, Blauen und Dittingen zusammen, weil sie sich in unmittelbarer Nachbarschaft befinden und ihre Tier- und Pflanzenwelt grosse Übereinstimmungen aufweisen. Ähnlich sind auch andere Juraweiden wie diejenigen von Liesberg. * Im Rahmen dieses Exkursionsführers lässt sich der Artenreichtum der Laufentaler Magerweiden nur unzureichend darstellen. Alleine die Insektenwelt umfasst mehrere tausend Arten. Zudem ist die Kleintierwelt der Laufentaler Magerweiden nur zum kleinen Teil gründlich untersucht worden. Nicht nur im tropischen Regenwald, sondern auch bei uns herrscht insbesondere bei vielen Insektengruppen ein grosses Forschungsdefizit. Der vorliegende Exkursionsführer kann bloss einen Überblick vermitteln. Er soll aufzeigen, welche Organismengruppen auf den Magerweiden besonders gut vertreten und charakteristisch sind. Wer sich dann für eine bestimmte Tier- oder Pflanzengruppe speziell interessiert, muss ein separates Bestimmungsbuch zur Hand nehmen.

Werner Heyer, Binningen

Auch Menschen, die den besonderen biologischen Wert der Magerrasen nicht kennen, nehmen ihren landschaftlichen Reiz wahr. Ihr Strukturreichtum hat einen ganz anderen Erholungswert als säuberlich gepflegtes Kulturland. Naturschutz betreiben wir ja nicht bloss für die Natur, sondern auch für uns Menschen.

Der Aufbau dieses Exkursionsführers lehn der bisher erschienenen Hefte an. Wiederum ist er thematis Tier- und Pflanzengruppen gegliedert. Die mei können an verschiedenen Stellen angetro beschrieben. Es lohnt sich aber, das Heft man die Weiden besucht. Man kann dar entdeckt draussen viel mehr.

D1678260

2. Die drei Weiden im Überblick

Dittinger Weide

In Bezug auf Lage und Ausstattung nimmt unter den drei Weiden diejenige von Dittingen eine Sonderstellung ein. Sie ist die tiefstgelegene und befindet sich in etwas abgeschiedener Lage im Talkessel an den Hängen oberhalb des Dorfes. Die unterschiedlich exponierten Hänge und der Wechsel der Bodenbedingungen der knapp 30 ha grossen Weide ergeben eine grosse standörtliche Vielfalt. Weite Bereiche sind steil und sehr mager. Grossflächig ausgebildet sind auch Bereiche mit wechselfeuchten Böden. Mit rund 470 Arten ist sie für Gefässpflanzen die mit Abstand bedeutsamste der drei Weiden und die wertvollste im Kanton überhaupt. Nur die Reinacher Heide ist für Pflanzen noch artenreicher. Auch für gewisse Insektengruppen ist die Dittinger Weide von allen drei Weiden am reichhaltigsten. Charakteristisch sind ihre Wacholderbüsche. Sie erinnern ein wenig an die Lüneburger Heide.

Die verschiedenen Hänge der Dittinger Weide werden durch Wege traversiert. Kein Weg führt aber direkt durch die wertvollsten Teile. Besuche abseits der Hauptwege sind jedoch aus Rücksicht auf Flora und Fauna zu vermeiden.

Blauen-Weide

Die 46 ha grosse Blauen-Weide weist im Gegensatz zur Dittinger Weide eine einheitliche Exposition auf. Die Standortvielfalt ist deswegen nicht so gross, doch können auch hier Unterschiede aufgrund wechselnder Bodeneigenschaften ausgemacht werden. Es gibt sehr magere Stellen bei anstehendem Kalkfels, daneben rasige Flächen und noch nährstoffreichere Teile mit dichtrasiger Vegetation. Mit rund 260 Gefässpflanzen ist die Blauen-Weide deutlich artenärmer; sie gehört aber dennoch zu den wertvollsten der Nordwestschweiz. Für gewisse Tiergruppen ist die grosse zusammenhängende Weide sogar interessanter als die von Dittingen. Charakteristisch für diese Weide sind die vielen Buschkomplexe. Darin gedeihen besonders viele Rosenarten.

Die Blauen-Weide ist gut erschlossen. Für Gruppenbesichtigungen eignet sie sich am besten, da von den Wegen aus gut ausgebildete Magerrasen betrachtet werden können. Ausserdem bietet sie vom höchsten Punkt aus eine schöne Aussicht.

Nenzlinger Weide

In Bezug auf Lage und Struktur ist die Nenzlinger Weide der Blauen-Weide gleichzusetzen. Ihr fehlen aber die Buschkomplexe; dafür stehen auf ihr etliche grosse Eichen. Mit knapp 200 Gefässpflanzen steht sie botanisch und zoologisch mit Abstand an dritter Stelle, doch findet man auch hier für die Region Basel seltene Pflanzen und Tiere in grösserer Anzahl. Die Nenzlinger Weide lohnt ebenfalls einen Besuch. Jede der drei Weiden hat ihre biologischen Besonderheiten und eine andere Ausstrahlung.

Die schmale, aber lang gezogene Nenzlinger Weide ist bezüglich der Standortvielfalt ziemlich einheitlich. Die oberen steilen Teile sind mager, die unteren wie bei der Blauen-Weide als Folge früherer Düngung und tiefgründigerer Böden deutlich fetter und stark vergrast. Die Nenzlinger Weide weist ein grösseres Aufwertungspotenzial auf. Die magerste und interessanteste Stelle liegt gerade oberhalb des Dorfes (für das Wegnetz siehe Übersichtsplan).

3. Beobachtungsmöglichkeiten in den vier Jahreszeiten

Winter (November bis Februar): Warum nicht an einem schönen Wintertag eine Wanderung von Ettingen oder Pfeffingen aus über den Blattenpass zur Blauen-Weide unternehmen? Von ihrem höchsten Punkt hat man eine schöne Aussicht auf das Laufner Becken sowie auf die Jurahöhen vom Wisenberg über Passwang/Hohe Winde bis zum Mont

Raimeux. * Auf der Weide herrscht Vegetationsruhe. Moose und Flechten kann man aber auch im Winter betrachten. Da und dort stehen die verdorrten Blütenstände der Golddistel und anderer Pflanzen. * Bereits im Februar erwacht hier und im angrenzenden Wald das Leben. Man vernimmt die Frühlingsgesänge der Vögel, am Waldrand blüht die Stinkende Nieswurz, und die Blätter gewisser Orchideen sind bereits entwickelt. Einige Weidepflanzen haben eine mediterrane Lebensweise: Sie entwickeln sich jeweils im Herbst bzw. früh im Jahr und schliessen ihren Jahreszyklus noch vor der grossen Sommerhitze ab.

Frühling (März/April) **bis Frühsommer** (Mai/Juni): Nun sind die charakteristischen Frühblüher von Magerrasen und an warmen Frühlingstagen die ersten Tiergruppen wie Wolfspinnen, Hummeln und gewisse Tagfalter zu sehen. Ende April kehren die Neuntöter (ein Vogel) aus dem Winterquartier zurück. Im April

steht die Schwarzdornbüsche (Schlehen) in Blüte, im Mai die Weissdornsträucher und im Juni die Rosen. * Im Mai und Juni ist der Blütenreichtum am grössten. Die Weiden sind nun am attraktivsten. Es ist dann auch die Hauptblütezeit der Orchideen. Das grosse Blütenangebot kommt den Insekten zugute. Für Bienen und andere Hautflügler ist es die beste Jahreszeit.

Hochsommer (Juli/August): Im Juli sind die Gräser dürr geworden, die Weide beigefarben. Die noch grünen Sträucher heben sich farblich ab. Die Heideschnecken entfliehen der Bodenhitze, indem sie die Stängel hinauf kriechen. * Der Blütenreichtum hat zwar insgesamt abgenommen, doch bis in den Spätherbst sind für Insekten Blüten vorhanden. Charakteristische Sommerblüher sind das Echte Tausendgüldenkraut und der Bitterling (beides Enziangewächse). Erst im August sind die Pflanzen der Säume voll entwickelt. * Wer sich für Heuschrecken interessiert, muss nun die Weiden besuchen. Auch andere Insektengruppen sowie gewisse Spinnen haben nun die grösste Entfaltung. Mitte Juli fallen die Neuntöter besonders auf, wenn ihre Jungen laut betteln. Bereits Ende August verlassen sie das Gebiet.

Herbst (Ende August bis Anfang November): Die spät blühenden Pflanzen wie Berg-Aster oder Silberdistel gehören zu den besonders attraktiven der Juraweiden. Der Herbstaspekt ist nach dem landschaftlich eher einförmigen Hochsommer wieder voller Reize und Gegensätze. Am Morgen glitzern die taubehangenen Spinnennetze in der Sonne. Manche Vögel singen wieder (Herbstgesänge), und auch einige Frühlingspflanzen beginnen erneut zu blühen. Die Sträucher hängen voll Beeren, die Rosen voller Hagebutten. Ab September kommen auf der Weide und besonders am Waldrand Pilze zum Vorschein. Besonders schön ist es Ende Oktober, wenn die Buchenwälder mitten in der Umfärbung sind und sich die graugrünen Föhren von den Laubbäumen abheben.

4. Zur Entstehung der Magerweiden

Dittingen, Blauen und Nenzlingen gelten als alemannische Dorfgründungen aus dem Frühmittelalter. Urkundlich erwähnt werden die Dörfer aber erst im 12. Jahrhundert. Seit dem Frühmittelalter, mit Sicherheit seit dem Hochmittelalter stand die Verteilung von Wald und offenem Land mehr oder weniger fest. Auf dem ebenen Land wurde geackert, die steilen Lagen wurden beweidet. Die mittelalterliche Nutzungs-

Rund 1000 Jahre alte Arealstrukturen von Blauen mit Dorfbereich, Flur (=Ackerland, den ehemaligen Zelgen) und durch Hecke abgetrennte Weide

struktur basierte auf der Dreizelgenwirtschaft. Die Laufentaler Gemeinden zeigen schulbuchartig zum Teil noch heute jene alten Strukturen. Das Ackerland war in drei Zelgen geteilt. Sie sind als Flurnamen den Landeskarten zu entnehmen, zum Beispiel in Nenzlingen «Oberfeld», «Unterfeld» und «Ausserfeld». Im konstanten Wechsel wurde auf den Zelgen Korn und Hafer angebaut, die dritte Zelge lag jeweils brach. Die Flur mit den drei Zelgen war durch eine Hecke vom Weideland abgetrennt. In Nenzlingen und Blauen sind die mittelalterlichen Nutzungsstrukturen noch heute klar ersichtlich (siehe auch Heft 3 «Wildenstein», Kapitel 3).

In Dittingen sind die Verhältnisse etwas anders. Das Ackerland befindet sich in der Höhe, auf dem Dittinger Feld. Beweidet wurden seit jeher die Hänge um das Dorf. Der Dorfbereich mit Obstgärten und Pflanzplätzen war gegen die Weide durch einen Dorfhag, den Etter, abgetrennt. In Dittingen ist er wie kaum in einer anderen Gemeinde auf weiten Strecken erhalten geblieben. * Vom Dorf wurde das Vieh auf immer gleichen Wegen zu den Weiden getrieben. Im Laufe der Zeit entstanden dadurch hohlwegartige Viehgassen. Oberhalb von Dittingen und Blauen sieht man sie noch heute gut.

Dittingen mit Dorfhag, dem ehemaligen Etter

Alte Viehgasse oberhalb von Dittingen

Der alte Zustand der Laufentaler Gemeinden ist auf den so genannten Brunner'schen Plänen von 1770 festgehalten worden. Sie zeigen die im Wesentlichen noch heute gültige Verteilung von Wald, Weide und Ackerland. Zur gleichen Zeit wurden die Besitzverhältnisse durch Grenzsteinsetzungen markiert. Da und dort steht am Rande der Weiden einer dieser historischen Grenzsteine, die bemerkenswert gut erhalten geblieben sind.

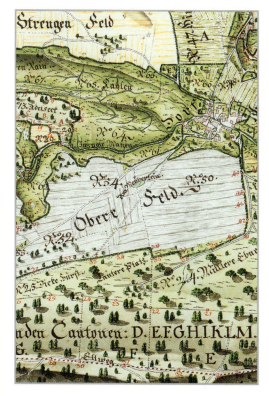

Historischer Grenzstein aus einheimischem Kalkstein mit der Jahreszahl 1768

Ausschnitt aus dem Brunner'schen Plan von 1770 für die Gemeinde Blauen. Der Plan hält die damaligen Flächennutzungen fest. Ackerland, Wiesen, Weiden und Wald werden separat dargestellt, die drei Ackerzelgen zusätzlich farblich unterschieden. Der Plan weist auch alle Grenzhecken aus.

Die historische Betrachtung zeigt, dass die Magerweiden von Dittingen, Blauen und Nenzlingen seit wohl über 1000 Jahren existieren. Früher war die Landwirtschaft auf ausgedehnte Weideareale angewiesen, weil der Futterbau schwach entwickelt war. Wahrscheinlich wurden fettere Teile der Magerweiden gelegentlich gemäht.

Aus der Sicht der heutigen Landwirtschaft stellen die Magerweiden der trockenwarmen Jurahänge Grenzertragsstandorte dar, auf denen sich der Arbeitsaufwand, gemessen am Ertrag, kaum lohnt. Aus biologischer Sicht kann man sich dagegen heute darüber freuen, dass zur Zeit der grossen Rodungen die Wälder nicht nur auf tiefgründigen Böden in ebener Lage geschlagen wurden, sondern auch an den von Natur aus trockenen Südhängen. An jenen Hängen entwickelte sich im Laufe der Zeit unter der extensiven Beweidung das Magerweidenöko-system, das wir naturschützerisch heute als sehr wertvoll betrachten. Weil die Bauern früher im Frondienst zum Reuten (= Roden, Entbuschen) verpflichtet waren, blieben die Weiden frei von Sträuchern und Bäumen. Die Magerweiden sind das Resultat der über Jahrhunderte währenden traditionellen Landwirt-schaft. Von ein paar Gebieten aus dem Schweizer Jura, die noch im 20. Jahrhun-dert beackert wurden, lässt sich allerdings nachweisen, dass durch die anschlies-sende extensive Beweidung oder Mähnutzung bereits nach wenigen Jahrzehnten artenreiche Rasen entstanden sind. Wo Boden- und Klimabedingungen günstig sind, braucht es demnach für die Ausbildung eines Magerrasens keine hundert Jahre.

Von Natur aus gibt es im Jura keine echten Magerrasen, sondern nur Ansätze auf und unterhalb von Flühen. Erst durch die Rodungen entstanden bei uns grosse waldfreie Areale. Ursprünglich war dieser Lebensraum kleinräumig auf Flühe und Gebiete entlang der Flüsse beschränkt. * Wenn die Magerrasen ein Produkt der traditionellen landwirtschaftlichen Nutzung sind, so stellt sich die Frage, wo die vielen Tier- und Pflanzenarten der Magerrasen ursprünglich herkamen.

Untersucht man die na-türlichen Felsrasen an Juraflühen, so findet man dort einige typische Magerrasenpflanzen wie Wundklee, Sonnenrös-chen, Thymian, Huf-eisenklee, Edel- und Berg-Gamander und die Berg-Aster. Diese Arten kamen demnach bereits vor der Entstehung der Magerrasen in unserer Region vor und konnten ihr Areal durch die Ro-dungstätigkeit stark aus-breiten.

Viele Charakterarten der Magerrasen, darunter die meisten Orchideen, sucht man in den Jurafelsrasen aber vergebens. Woher stammen die? Äcker, Wiesen und Weiden, die erst durch den Menschen geschaffen wurden, wei-sen hinsichtlich Boden-klima völlig andere Le-bensbedingungen auf als unsere Wälder. Durch

Felsrasen an Jurafluh, dem ursprünglichen Standort vieler Magerrasenpflanzen

Schmetterlingshaft
(Ascalaphus longicornis)
Er wurde letztmals 1985
auf der Blauen-Weide
von Andreas Erhardt
gesehen. Wahrscheinlich
hat es sich dabei um den
sehr ähnlichen *Asca-
laphus coccajus* gehan-
delt. Auf der Blauen-
Weide kam früher auch
der Segelfalter vor.
Beide Arten wurden
wahrscheinlich durch in-
tensivere Bewirtschaf-
tung ausgerottet.

Werner Herter, Binningen

die Umwandlung der bewaldeten Urlandschaft in eine Kulturlandschaft wurde es vielen Tier- und Pflanzenarten südlicher, südöstlicher bis östlicher Herkunft und wohl auch aus dem Oberrheingebiet ermöglicht, in unsere Gegend einzuwandern. Das erkennt man daran, dass viele spezifische Tier- und Pflanzenarten der Magerrasen ihren Verbreitungsschwerpunkt einesteils zwischen Alpen und Mittelmeergebiet und anderteils in den südöstlichen Wald- und Wiesensteppen haben. Die trockenwarmen Jurahänge beherbergen besonders viele südliche Arten, die heute in Mitteleuropa oft noch isoliert verbreitet sind. Die mittelalterliche Landwirtschaft führte in Mitteleuropa generell zu einer starken Zunahme der Tier- und Pflanzenarten. Mit den Warentransporten der Neuzeit wurden auch viele Arten aus Übersee eingeschleppt. Der Artenreichtum nahm bei uns deshalb bis ins 19. oder sogar bis ins 20. Jahrhundert zu, bevor die Modernisierung der landwirtschaftlichen Bodennutzung und das starke Wachstum der Siedlungen und Verkehrsanlagen einen Verlust an Artenvielfalt bewirkten.

Werner Herter, Binningen

Segelfalter
(Iphiclides podalirius)
Für die Dittinger Weide
gibt es noch Nachweise
aus den 1980er Jahren.

Im 20. Jahrhundert haben auch die Magerrasen Mitteleuropas zum Teil drastische Einbussen erlitten. Hauptursachen waren: 1. Intensivere landwirtschaftliche Nutzung durch Düngung, stärkere Beweidung und häufigere Mahd. Dadurch wurden Teile der Blauen- und Nenzlinger Weide verändert. 2. Die an Sonnenhängen gelegenen Magerrasen sind oft bevorzugte Wohnlagen und wurden mancherorts überbaut (so auch Teile der Dittinger Weide). 3. Da die landwirtschaftliche Nutzung der Magerrasen oft nicht mehr rentierte, wurde sie aufgegeben. Die Rasen verbrachten, verbuschten und wurden schliesslich zu Wald. An gewissen Stellen wurden sie auch gezielt für Ersatzaufforstungen gebraucht (z.B. als Folge des Autobahnbaus).

In der Schweiz sind die Magerrasen flächenmässig am stärksten in den Alpen und im Jura, besonders in den Kantonen Schaffhausen, Aargau, Baselland, Solothurn und Jura verbreitet. In unserer Gegend liegen sie vorwiegend im Faltenjura mit einem Schwerpunkt im Laufental. Im Tafeljura hat es dagegen nur wenige wirklich schön ausgebildete Magerrasen (z.B. Chilpen bei Diegten).

Im Laufental blieben die Magerrasen ebenfalls nicht vor Veränderungen verschont. Wie schon angedeutet, wurden Teile der Blauen- und Nenzlinger Weide durch Düngung in fettwiesenartige Bestände umgewandelt und dadurch stark entwertet. Wohl deshalb sind dort ein paar besondere Insektenarten (Segelfalter und Schmetterlingshaft) verschwunden.

Am besten erhalten ist die Dittinger Weide. Sie büsste in den letzten Jahrzehnten nur wenige Pflanzenarten ein, welche im Übrigen auch früher nur in wenigen

Exemplaren vorhanden waren. Trotz gewisser Verluste ist es ein Glücksfall, dass im Laufental derart grossflächige Magerrasen erhalten geblieben sind. Dank gezielter Pflege im Sinne des Naturschutzes besteht heute wieder die Möglichkeit, dass seltene und verschollene Arten zurückkehren.

Ein erfreuliches Beispiel ist der in der Nordwestschweiz seltene Kreuzblättrige Enzian. Er war während über zehn Jahren auf den Laufentaler Magerweiden verschollen. Nun gibt es wieder einige wenige Exemplare. Vielleicht kehrt eines Tages auch der vorgängig abgebildete Segelfalter zurück. Beim Schmetterlingshaft ist dies eher unwahrscheinlich, weil die nächsten Vorkommen zu weit entfernt sind.

Kreuzblättriger Enzian *(Gentiana cruciata)*

Werner Herter, Binningen

5. Schutz und Pflege der Magerweiden

Alle drei Weiden sind heute für die Natur gesichert. Die Dittinger Weide ist seit 1984 ein Pro Natura-Schutzgebiet, die Blauen-Weide wurde 1988 noch vom Kanton Bern als kantonales Naturschutzgebiet ausgeschieden, das vom Kanton Basel-Landschaft weitergeführt wird. Für die Nenzlinger Weide besteht seit 1995 ein Vertrag im Rahmen des «ökologischen Ausgleichs» zwischen Kanton und Bewirtschafter. Solche Verträge bestehen auch mit Blauen und Dittingen. Die drei Weiden sind also auf unterschiedliche Weise geschützt. Entscheidend ist, ob Bewirtschaftung und Pflege im Sinne des Naturschutzes verbindlich geregelt sind und auch eingehalten werden. Im Gegensatz zu den kündbaren Verträgen im Rahmen des «ökologischen Ausgleichs» ist die langfristige Sicherung aber nur mit dem Status eines Naturschutzgebietes gewährt.

Postkarten von Dittingen um 1915. Früher war die Dittinger Weide völlig kahl. Die Bewirtschafter liessen keine Sträucher und Bäume aufkommen. Die Beweidung selber verhindert die Verbuschung nicht. Die beiden Fotos belegen, dass damals der Wald am «Rittebberghollen» (wo der Steinbruch liegt) höher ansetzte.

Zum unterschiedlichen Schutzstatus kommen in den drei Gemeinden verschiedene Pflegephilosophien. Die Dittinger Weide war früher völlig kahl.
In den letzten Jahrzehnten liess man Sträucher und Bäume aufkommen. Aus naturschützerischer Sicht ist dies sinnvoll, denn die Büsche sind Lebensraum zahlreicher Tiere. Allerdings nehmen Sträucher und Bäume überhand und drohen grosse Teile der Magerrasen zu verdrängen. Immer wieder müssen Wacholder- und Schwarzdornbüsche sowie Föhren und Birken entfernt werden. Problematisch sind auch die durch Vögel verbreiteten Cotoneastersträucher. Das Offenhalten der Weiden ist sehr arbeitsintensiv und in Bezug auf den landwirtschaftlichen Ertragswert teuer. Für den Naturschutz ist das Beibehalten der traditionellen Weidesäuberung aber sehr wichtig.

Nach der Unterschutzstellung der Blauen-Weide mussten auch dort viele Büsche gerodet werden, wobei einzelne stehen gelassen wurden. Aus ihnen sind nun grosse Buschkomplexe geworden. Zwischen den Büschen wird auch dort jedes Jahr gereutet. Völlig ohne Büsche präsentiert sich die Nenzlinger Weide. Die Grundeigentümer wollten bisher die Weide bewusst offen halten und duldeten keine Büsche. Einzelne Büsche wären aus zoologischer Sicht aber sehr erwünscht. * Zusätzlich zum Reuten findet jeden Herbst auf Teilen der Blauen- und Nenzlinger Weide ein Säuberungsschnitt statt, vor allem um den Adlerfarn, ein Weideunkraut, zurückzudämmen.

Adlerfarn
(Pteridium aquilinum)
Der Adlerfarn wird vom Vieh verschmäht und hat die Tendenz, sich auf den Weiden auszubreiten. Da er dichte Bestände bildet, deckt er die Bodenvegetation zu. Deshalb ist seine Bekämpfung auch aus naturschützerischer Sicht sinnvoll.

Ein wichtiger Punkt der Bewirtschaftung betrifft Zeitpunkt und Intensität der Beweidung. Ab Juni dürfen die Weiden mit einer festgelegten Anzahl Rinder bestossen werden. Die Weiden sind durch Zäune unterteilt; empfindliche Teile werden noch später im Jahr beweidet. Die Beweidung durch Rinder ist grundsätzlich sinnvoll, da sie die traditionelle Nutzung darstellt.

Viele Tiere und Pflanzen sind direkt oder indirekt an die Weidenutzung gebunden. Durch sie wird den Rasen immer wieder Biomasse entzogen, wodurch sie ausmagern. Die Beweidung darf aber das Blütenangebot für Schmetterlinge und andere Insekten nicht zu stark vermindern. Deshalb ist es wichtig, periodisch den Bestossungszeitpunkt und die Zahl der Rinder hinsichtlich ihrer Auswirkungen auf Tiere und Pflanzen der Magerweiden zu überprüfen. Pflegeeingriffe und Bewirtschaftung sollen die standörtliche Vielfalt fördern. Es gilt, das richtige Verhältnis zwischen Verbuschung, Vergandung und offenen, gesäuberten Flächen zu finden.

Teil der Dittinger Weide mit zu vielen Sträuchern und Bäumen. An mehreren Hangbereichen sollten die meisten entfernt werden, damit der Anteil der Gehölze nicht zu gross wird.

Anzustreben ist ein kleinräumiges Mosaik verschiedener Strukturen neben weiten, offenen Magerrasenflächen. Während die Nenzlinger Weide im Moment eher zu intensiv gepflegt wird (keine Büsche, keine Altgrasbestände für überwinternde Insekten), sind Teile der Dittinger Weide zu stark verbuscht. Grundsätzlich kann man aus naturschützerischer Sicht jedoch mit der derzeit praktizierten Bewirtschaftung zufrieden sein. Mehrere spezielle Pflanzenarten haben in den letzten zehn Jahren zahlenmässig zugenommen.

Ulrich Kienzle, Basel

«Ritteberghollen», Dittingen, 1984 (oben) und 2001 (unten). Im Vergleich zu früher gibt es mehr Büsche, und die auf der Weide stehenden Bäume sind hoch gewachsen. Der Steinbruch wird nun fast völlig verdeckt. Am «Ritteberghollen» hat seither vor allem die Zahl der Wacholdersträucher beträchtlich zugenommen.

13

Ehemals gedüngte Teile der Nenzlinger Weide sind im Frühling
saftig grün und gelb vom vielen Löwenzahn *(Taraxacum officinale)*.
Im oberen, mageren Teil ist die Weide auch im Frühling beigefarben.

Vor Abschluss der Bewirtschaftungsvereinbarungen wurden Teile aller drei Weiden gedüngt und stärker beweidet. Dadurch büssten diese erheblich an biologi-
schem Wert ein. Inzwischen hat aber die Ausmagerung ehemals gedüngter Stellen sichtbare Fortschritte gemacht. Vor allem die unteren Partien von Blauen-
und Nenzlinger Weide sind indes noch immer sehr grasreich und werden sich
wohl erst in Jahrzehnten zu Magerrasen zurückentwickelt haben. Um die Ausmagerung dichter Grasbestände zu fördern, ist in Zukunft gelegentliches Mähen
im Frühsommer in Betracht zu ziehen, weil dadurch mehr Biomasse entzogen
wird als durch späte Beweidung.

Konnten Naturschutzmassnahmen den Artenrückgang stoppen? Seit dem
Jahr der Natur 1970 wird die Gefährdung unserer Natur intensiv disku-
tiert. Die Verarmung an Tier- und Pflanzenarten setzte im grösseren Aus-
mass bereits im 19. Jahrhundert ein. So fielen damals die meisten Feucht-
gebiete des Mittellandes den Gewässerkorrektionen und Meliorationen
zum Opfer. Beschleunigt wurde der Artenschwund durch den Nachkriegs-
boom und die weiteren landwirtschaftlichen Intensivierungen. Seit den
1980er Jahren stellt man aber bei gewissen Tier- und Pflanzengruppen eine Stabilisierung fest (allerdings zum Teil auf tiefem Niveau), und die Bestände einiger Pflanzen- und Vogelarten konnten sich sogar erholen. Naturschutzmassnahmen und andere Bemühungen, wie der sorgfältigere Umgang
mit Pestiziden, haben wesentlich dazu beigetragen. Der Artenrückgang ver-
langsamte sich aber auch deshalb, weil viele der besonders sensiblen Arten
schon vorher verschwunden waren.

6. Zur Magerflora der Region Basel

Die Pflanzenwelt der Region Basel gehört zu den am besten untersuchten Mitteleuropas. Alle vorkommenden Arten und deren Verbreitung innerhalb der engeren Region sind bekannt. Zählt man alle verwilderten Gartenpflanzen, Ziersträucher und dergleichen zur Flora, so kommt man auf knapp 1900 Arten. Die Region Basel ist also reich an Pflanzen. Welches sind die Gründe dafür? Zum einen sind die geologischen Verhältnisse auf kleinem Raum sehr verschieden. Unterschiedliche Gesteine bewirken unterschiedliche ökologische Bedingungen für Pflanzen. Auch Höhenunterschiede schaffen unterschiedliche Pflanzenstandorte, etwa indem sie klimatische Änderungen hervorrufen. Ein weiterer Grund ist die Agglomeration Basel. Dort setzt sich die Pflanzenwelt zu gut einem Viertel aus verwilderten Gartenpflanzen und eingeschleppten Arten zusammen. Über 700 der knapp 1900 Pflanzenarten der Region Basel zählen zu den verwilderten und eingeschleppten. Somit bereichert der städtische Raum die regionale Pflanzenwelt erheblich.

Magerrasen in der Petite Camargue Alsacienne. Die Magerrasen in der Oberrheinebene unterscheiden sich klar von den Juramagerweiden, zumal die Böden grundverschieden sind (Rheinschotter statt Kalkgestein). Sie beherbergen etliche Pflanzen, die den Baselbieter Magerrasen fehlen, so die abgebildete Gemeine Küchenschelle *(Pulsatilla vulgaris)*.

Das relativ trockenwarme Klima der Region Basel begünstigt zusammen mit den wasserdurchlässigen Kalksteinen und Schotterböden der Talebenen die Magerflora. Unter Magerflora verstehen wir Pflanzengesellschaften nährstoffarmer und zumeist auch trockener Böden. Aus gesamtschweizerischer Sicht ist die Region

Basel reich an Trockenwäldern (vor allem Flaumeichen- und Föhrenwälder an Felsbändern) und an Magerrasen. Für diese Vegetationstypen ist die Region Basel von nationaler Bedeutung.

Wo liegen in der Region Basel die bedeutsamsten Standorte der Magerflora? Zu unserem Erstaunen hat es mitten im städtischen Raum wertvolle Bestände. Die Hafen- und Bahnareale von Basel-Nord mit ihren sandig-schottrigen Böden beherbergen über 500 Pflanzenarten, darunter viele seltene.

Ein besonderes Kleinod stellt die Reinacher Heide dar. Auf nur kleiner Fläche weist sie fast 600 Pflanzenarten auf. Auch im nahen Ausland gibt es Stellen mit sehr wertvoller Magerflora, auf der deutschen Seite in der Gegend des Isteiner Klotzes und im Elsass in der Petite Camargue Alsacienne.

Magervegetation im Bahnareal von Basel-Nord. Klima und Böden der Bahnanlagen bieten der Magerflora beste Bedingungen. Etliche Charakterarten der Oberrheinebene gelangen bis Basel und haben sich in den grossen Bahnarealen zum Teil stark ausbreiten können.

Reinacher Heide. Die Pflanzenwelt der Reinacher Heide steht zwischen den Magerrasen der Oberrheinebene und denjenigen der Juraweiden. Einige Oberrheinarten haben innerhalb der Region Basel hier ihren südlichsten Posten.

Flächenmässig am bedeutsamsten sind aber die Magerweiden des Laufentals. Um ihre Bedeutung besser zu verstehen, muss man sie in einem grösseren geographischen Rahmen betrachten. Im alten Kantonsteil von Baselland (ohne Laufental) sind weniger als ein Quadratkilometer Magerrasen erhalten geblieben. Die Blauen-Weide allein ist aber fast einen halben Quadratkilometer gross. Zusammen mit den angrenzenden Gebieten der Kantone Solothurn und Jura bedecken im Laufental Magerrasen mehrere Quadratkilometer.

Felix Labhardt, Basel

Magerwiese im Baselbieter Tafeljura. Die meisten Magerwiesen des Tafeljuras sind floristisch keineswegs so reichhaltig wie die Magerweiden des
Laufentals. Da sie im Tafeljura seit 1950 um rund 80 Prozent zurückgegangen
sind, werden heute auch wenig gedüngte blumenreiche Wiesen vertraglich
geschützt, weil sie im Tafeljura als Lebensraum unbedingt schutzwürdig sind.
Blauviolett blühend: Wiesen-Salbei *(Salvia pratensis)*, gelb blühend: Zottiger
Klappertopf *(Rhinanthus alectorolophus)*. Nur ganz wenige Wiesen prä-
sentieren sich derart farbenprächtig.

Ulrich Kienzle hat die 26 wichtigsten Magerrasen zwischen Liestal, Passwang
und Delémont untersucht. Gemessen an der Zahl der seltenen und gefährdeten
Arten steht die Dittinger Weide an erster Stelle, die Blauen-Weide an vierter und
die Nenzlinger Weide an 21. Stelle. Auch in Bezug auf die Region Basel sticht die
Dittinger Weide hervor. Etliche Arten kommen nur auf ihr vor oder haben dort
ihr Hauptvorkommen.

Naturschutzgebiet
Chilpen bei Diegten.
Der Chilpen stellt einen
Spezialstandort dar und
weist die wertvollste
Magerflora des Basel-
bieter Tafeljuras auf.
Das kleine Naturschutz-
gebiet mit seinem
Orchideenreichtum ist
zwischen Mai und
September absolut
sehenswert.

7. Ausgewählte Pflanzenarten

Die Flora der Laufentaler Magerweiden besteht aus insgesamt gut 500 Arten von Gefässpflanzen. Selbstverständlich können hier nicht alle vorgestellt werden. Die Auswahl konzentriert sich auf ein paar charakteristische und attraktive, die auf den Weiden teils häufig oder doch verstreut vorkommen. Auf einer Are (10 mal 10 Meter) findet man manchmal über 50 Arten. Warum sind Magerrasen verglichen mit Fettweiden und -wiesen derart artenreich? Auf den mageren Böden haben Gräser mit hohem Nährstoffbedarf Mühe. Deswegen können an ihrer Stelle viele andere Pflanzen aufkommen, die mit weniger Nährstoffen auskommen. Sie würden auch auf nährstoffreichen Standorten wachsen, werden dort aber verdrängt. Unterschiedliche Konkurrenzverhältnisse führen also zu artenreichen oder artenarmen Beständen.

Die Pflanzenwelt der Magerweiden zeigt einen ausgeprägten jahreszeitlichen Wechsel. Es gibt zwar Arten, die während Monaten blühen, und einige Frühlingspflanzen haben im Herbst eine zweite Blühphase, doch die meisten blühen in einer bestimmten Jahreszeit, oft nur während weniger Wochen.

Im **Frühling** ist die Zahl der blühenden Pflanzen im Vergleich zum Frühsommer noch relativ bescheiden. Da aber ein paar attraktive aspektbildende Pflanzen in grosser Zahl blühen, ist ein Besuch der Magerweiden an einem sonnigen Frühlingstag immer wieder ein erfreuliches Erlebnis.

Charakteristische Frühblüher (Ende März bis Anfang Mai) sind: Kleine Orchis (*Orchis morio*; auf allen drei Weiden häufig, Hauptvorkommen innerhalb der Region Basel), Rauhaariges Veilchen (*Viola hirta*), Frühlings-Schlüsselblume (*Primula veris*), Feld-Hainsimse (*Luzula campestris*), Frühlings-Segge (*Carex caryophyllea*; die beiden letztgenannten sind Windbestäuber und blühen daher unauffällig), Frühlings-Fingerkraut (*Potentilla neumanniana*)

Rauhaariges Veilchen
(Viola hirta)

Kleine Orchis
(Orchis morio)

Feld-Hainsimse
(Luzula campestris)

Im **Mai/Juni** sind die Weiden am schönsten, die Blütenvielfalt am grössten. Gelb blühende Pflanzen überwiegen, nur wenige blühen weiss, und rot oder blau blühende kommen bloss zerstreut vor.

Gelb blühen: Gelblicher Klee *(Trifolium ochroleucon)*, Sonnenröschen *(Helianthemum nummularium)*, Zypressen-Wolfsmilch *(Euphorbia cyparissias)*, Warzige Wolfsmilch *(Euphorbia verrucosa)*, Wundklee *(Anthyllis vulneraria)*, Hufeisenklee *(Hippocrepis comosa)*, Färber-Ginster *(Genista tinctoria)*, Behaarter Ginster (*Genista pilosa*; vor allem Dittinger Weide, beim Reservoir), Flügel-Ginster (*Genista sagittalis*, Saumart, s. Seite 29), Kleiner Klappertopf *(Rhinanthus minor)*

Weiss blühen: Berg-Klee *(Trifolium montanum)*, Purgier-Lein *(Linum catharticum)*, Gamander-Sommerwurz *(Orobanche teucrii)*

Gelblicher Klee   **Flügel-Ginster**   **Gamander-Sommerwurz**
(Trifolium ochroleucon)   *(Genista sagittalis)*   *(Orobanche teucrii)*

Rot oder blau blühen: Schopfige Kreuzblume *(Polygala comosa)*, Gamanderartiger Ehrenpreis (*Veronica teucrium*, Saumart), Scheerers Ehrenpreis (*Veronica prostrata ssp. scheereri*; eine der botanischen Besonderheiten der Weiden, aber eher selten), die meisten Orchideenarten

Gamanderartiger   **Scheerers Ehrenpreis**
Ehrenpreis   *(Veronica prostrata ssp. scheereri)*
(Veronica teucrium)

Es fällt auf, dass sich unter den charakteristischen Magerrasenpflanzen viele Kleearten und andere Schmetterlingsblütler befinden. Die Vertreter dieser Familie können mit ihren Knöllchenbakterien den Luftstickstoff binden und haben dadurch auf magerem Boden einen Vorteil.

Im **Mai/Juni** ist auch die Hauptblütezeit der Orchideen. Von den insgesamt 24 Orchideenarten der Laufentaler Magerweiden sollen hier die wichtigsten vorgestellt werden (für weitere Arten siehe Seite 18, Seite 23 und Anhang). Unsere wild wachsenden Orchideen bilden zwar nicht so grosse Blüten wie solche des tropischen Regenwaldes oder gezüchtete. Wer sich aber die Mühe nimmt, genauer hinzusehen, wird entdecken, dass sie wunderbare Blüten haben. Die Zeichnung auf der «Lippe» der Ragwurzarten kann von Blüte zu Blüte variieren.

Bienen-Ragwurz *(Ophrys apifera)*
Zerstreut auf allen drei Weiden

Hummel-Ragwurz
(Ophrys holosericea)
Die häufigste
Ragwurzart unserer
Juramagerweiden

Spinnen-Ragwurz
(Ophrys sphegodes)
In grosser Zahl auf der
Dittinger Weide,
dort regionaler
Hauptbestand

Fliegen-Ragwurz
(Ophrys insectifera)
Regional die seltenste
Ragwurzart; vor allem
auf der Dittinger Weide
und gerne im Halbschatten, z.B. bei Föhren

Helm-Orchis
(Orchis militaris)
Stellenweise gehäufte
Vorkommen

Angebrannte Orchis
(Orchis ustulata)
Zerstreut,
keine grossen Bestände

**Langspornige
Handwurz**
(Gymnadenia conopsea)
Auf wechselfeuchten
Böden, insbesondere
der Dittinger Weide,
stellenweise gehäuft

**Grünliches
Breitkölbchen**
(Platanthera chlorantha)
Zerstreut und
oft in Waldnähe
wachsend

Spitzorchis
(Anacamptis pyramidalis)
Viele Individuen,
Hauptvorkommen
innerhalb der
Region Basel

Auf gedüngten Wiesen machen Gräser den grössten Teil der Pflanzenmasse aus. Auf den Magerrasen sind sie nicht so dominant, doch sind sie an der Vegetation ebenfalls stark beteiligt. Drei charakteristische Gräser der Magerweiden sind:

Aufrechte Trespe
(Bromus erectus)

Gemeine Kammschmiele
(Koeleria pyramidata)

Zittergras
(Briza media)

Im **Juli** sind die Gräser dürr geworden, und der Blütenreichtum hat abgenommen. Die Weiden wirken nun nicht mehr so attraktiv. Für Blüten besuchende Insekten sind die Magerweiden aber nach wie vor wertvoll; bis in den Herbst ist für sie ein Blütenangebot vorhanden. Typische Hochsommerblüher sind:

Durchwachsener Bitterling *(Blackstonia perfoliata*; dieses Enziangewächs hat innerhalb der Region Basel hier den Schwerpunkt), Echtes Tausendgüldenkraut *(Centaurium erythraea*; besonders zahlreich auf der Blauen-Weide), Arznei-Thymian *(Thymus pulegioides)*, Hügel-Waldmeister *(Asperula cynanchica)*, Stängellose Kratzdistel *(Cirsium acaule)*, Grossblütige Brunelle *(Prunella grandiflora)*,

Gebräuchliche Betonie *(Stachys officinalis)*, Ästige Graslilie *(Anthericum ramosum)*, Gemeine Skabiose *(Scabiosa columbaria)*, Kriechende Hauhechel *(Ononis repens)*

**Durchwachsener
Bitterling**
(Blackstonia perfoliata)

**Echtes
Tausendgüldenkraut**
(Centaurium erythraea)

Im **August/September** blühen nochmals andere Arten. Der Herbstaspekt ist wiederum durch mehrere attraktive Arten gekennzeichnet, deshalb lohnt sich auch dann ein Besuch:

Berg-Aster (*Aster amellus*, Saumart), Deutscher Enzian (*Gentianella germanica*; eine der Pflanzenarten, die auf offene Bodenstellen als Folge der Beweidung angewiesen sind), Golddistel *(Carlina vulgaris)*, Silberdistel *(Carlina acaulis)*, Heide-Augentrost *(Euphrasia stricta)*, Hirschwurz (*Peucedanum cervaria*, Saumart), Herbst-Wendelähre (*Spiranthes spiralis*; die einzige spät blühende Orchidee hat ihren regionalen Verbreitungsschwerpunkt auf den Laufentaler Magerweiden, besonders zahlreich ist sie auf der Nenzlinger Weide)

Deutscher Enzian
(Gentianella germanica)

Heide-Augentrost
(Euphrasia stricta)

Herbst-Wendelähre
(Spiranthes spiralis)

23

8. Lebensräumliche Vielfalt

Die Vegetation der Weiden ist nicht überall gleichförmig ausgebildet. Der Artenreichtum der Magerweiden ist zu einem erheblichen Mass darauf zurückzuführen, dass sie viele standörtliche Unterschiede aufweisen, die oft kleinräumig ineinander übergehen. * Zwei wichtige ökologische Gradienten sind der Nährstoffreichtum und die Bodenfeuchtigkeit. Nicht alle Partien sind gleich mager und trocken. Auf den Weiden sind alle Abstufungen von extrem mageren und sehr trockenen bis zu relativ nährstoffreichen/feuchten Standorten vorhanden. Am einfachsten erkennt man dies anhand einer Zeichnung:

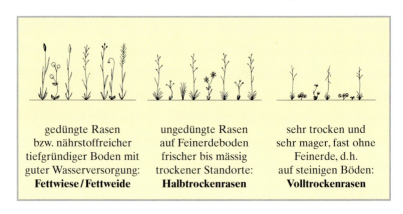

| gedüngte Rasen bzw. nährstoffreicher tiefgründiger Boden mit guter Wasserversorgung: **Fettwiese / Fettweide** | ungedüngte Rasen auf Feinerdeboden frischer bis mässig trockener Standorte: **Halbtrockenrasen** | sehr trocken und sehr mager, fast ohne Feinerde, d.h. auf steinigen Böden: **Volltrockenrasen** |

Volltrockenrasen

An Stellen, wo Kalkfelsen zu Tage treten, sind Volltrockenrasen vorhanden. Kennzeichnend für diesen Rasentyp ist das Zurücktreten der Gräser; die Vegetation ist generell sehr lückenhaft. Es gedeihen nur Arten, die an die extremen Standortbedingungen angepasst sind, darunter auffallend viele Zwergsträucher wie Thymian, Berg-Gamander und Sonnenröschen, daneben Rosettenpflanzen wie die Gemeine Kugelblume, einjährige Pflanzen wie die Rauhaarige Gänsekresse und Fettblattgewächse wie der Weisse Mauerpfeffer. Alle diese Lebenstypen haben sich auf unterschiedliche Weise – zum Beispiel mit Lederblättern, Wasser speichernden Blättern, Haaren oder Zwergwuchs – an die grosse Trockenheit angepasst. Ausserdem finden sich in Volltrockenrasen Pflanzen, aber auch Tiere, die offene Bodenstellen brauchen. So haben dort z.B.

Gemeine Kugelblume (*Globularia punctata*), eine Charakterart der Volltrockenrasen

Boden bewohnende Flechten Platz. Die felsigen Stellen mit Volltrockenrasen beleben die Magerweiden optisch und zeichnen sich oft durch ein buntes Vegetationsmosaik aus.

Stelle mit grossflächigem Volltrockenrasen im Aufstieg von Grellingen zum Glögglifels (Oberhalb Flurteil «Räbe», der Wanderweg führt mitten durch). Eine harte Kalksteinschicht liegt flach zur Erdoberfläche und bildet bei der Verwitterung kaum Feinerde.

Halbtrockenrasen auf Feinerdeböden

Die Magerrasen auf Feinerdeböden lassen sich in mehrere Typen unterteilen:

an steilen, sonnigen Hängen mit etwas Feinerde:	an feinerdereicheren Stellen mit besserer Wasserversorgung:	
	Sonnenhang bis ebene Lage:	an Schatthängen:
Gamander-Halbtrockenrasen (meist beweidet)	**Salbei-Halbtrockenrasen** (meist gemäht)	**Herbstzeitlosen-Halbtrockenrasen** (meist gemäht)

Flächen mit Gamander-Halbtrockenrasen sind auf der Blauen-Weide bei «Stelli» und «Räben» sehr gut ausgebildet. Oft sind sie eng verzahnt mit Volltrockenrasen. Eine der Charakterarten ist der namengebende Edel-Gamander. Die Grasschicht ist etwas dichter als im Volltrockenrasen, aber doch lückig, so dass dazwischen viele Kräuter aufkommen können. Dieser Typ gehört neben den Volltrockenrasen zu den botanisch besonders wertvollen.

Auf feinerdereicheren Böden, meist in flach ansteigenden Hangpartien, wo Nährstoff- und Wasserversorgung spürbar besser sind, weisen die Magerrasen eine geschlossene Grasschicht auf. Es sind so genannte Salbei-Halbtrockenrasen. Neben der namengebenden Wiesen-Salbei sind darin Kleiner Klappertopf,

Werner Herter, Binningen

Edel-Gamander
(*Teucrium chamaedrys*),
eine der Kennarten des
Gamander-
Halbtrockenrasens

Knäuel-Glockenblume und oft auch Margeriten gut vertreten, Orchideen dagegen nur noch vereinzelt.

Salbei-Halbtrockenrasen mit viel Margerite *(Leucanthemum vulgare)*, weiss blühend, und Kleinem Klappertopf *(Rhinanthus minor)*, gelb blühend

Auf noch nährstoffreicheren Böden mit guter Wasserversorgung, oft am Fusse der Weiden, sind fettwiesenartige Bestände ausgebildet. Die Grasschicht ist hoch und sehr dicht, blütenreiche Kräuter kommen darin kaum auf. Oft wechselt die Vegetation als Ausdruck wechselnder Bodenbedingungen kleinräumig; hohe vergraste Bestände gehen abrupt in niedrigwüchsige, blütenreiche über.

Abrupter Übergang der Vegetation von
hochwüchsiger Grasschicht (links) zu
niedrigwüchsigem, blütenreicherem Bestand
(rechts) mit vielen Kräutern

Trauben-Pippau
(Crepis praemorsa)
Nur wenige Exemplare
gedeihen an einer Stelle
auf der Dittinger Weide,
und sie blühen nur kurz.

Das Gegenstück zum Salbei-Halbtrockenrasen der sonnigen Hänge ist an Schatthängen der Herbstzeitlosen-Halbtrockenrasen. Die entsprechende Exposition bietet ausschliesslich die Dittinger Weide (siehe Übersichtsplan). Neben der namengebenden Herbstzeitlose finden sich darin als botanische Kostbarkeiten das Studentenröschen und der sehr seltene Trauben-Pippau.

Wechselfeuchte Stellen und andere Spezialstandorte

Wechselnde Bodenbedingungen sind oft Ausdruck unterschiedlicher geologischer Schichten. Wo mergelige Schichten anstehen, herrschen wechselfeuchte Boden-bedingungen. Im Frühling sind diese Böden phasenweise feucht, im Hochsom-mer trocknen sie stark aus. Einige Pflanzen brauchen während der Entwick-lungszeit genügend Bodenfeuchte. Auf der Dittinger Weide, insbesondere am «Rittberghollen», sind wechselfeuchte Mergelhänge grossflächig ausgebildet. Charakterarten dieser Standortbedingungen sind unter anderen Spinnen-Rag-wurz, Bitterling und Langspornige Handwurz.

2

Weitere Spezialstandorte stellen Wege, Wegböschungen, Erdanrisse, Steinbrüche und Mergelgruben dar. Für gewisse Insekten sind sie sehr wertvoll; z.B. legen Bienen dort ihre Nester an. An sehr steilen Hang-partien der Dittinger Weide rieselt immer wie-der Kalk- und Mergel-schutt herab. Die Rasen-vegetation kann sich in der Folge nicht schlies-sen. Die Dittinger Weide ist generell diejenige mit der grössten Standort-vielfalt mit dem entspre-chend grössten Arten-reichtum.

Erdanriss bei «Räben», Blauen-Weide

Buschkomplexe und Säume

Die bisher beschriebenen Lebensräume sind alle offen, d.h. unbeschattet. Für die Tierwelt sind jedoch Büsche, der Waldrandbereich mit halbschattigen Stellen und vergandete Teile mit vorjährigen Grasbeständen sehr wertvoll. Sie tragen stark zum Artenreichtum bei. Bestimmte Käfer, Heuschrecken und Schmetterlinge kommen nur an solchen Stellen der Weiden vor, aber auch seltene Pflanzen wie die Fliegen-Ragwurz ge-deihen gerne im Halb-schatten. Schwarz- und Weissdorn sowie Rosen sind häufige Büsche.

Es lohnt sich, die Rosen näher zu betrachten. Auf den Magerweiden wach-sen mehrere seltenere Rosenarten (siehe An-hang), darunter solche mit einem Apfelgeruch.

Rosenbusch

Wein-Rose *(Rosa rubiginosa)*, eine der Rosen mit Apfelgeruch. Die Drüsen an den Fruchtstielen sind ein Merkmal dieser Rosengruppe.

Die Buschkomplexe der Weiden setzen sich selbstverständlich vor allem aus Sträuchern trockenwarmer Standorte zusammen. Neben Wacholder und Berberitze sind der Wilde Apfelbaum und die Wild-Birne charakteristische Arten.

Wacholderbüsche *(Juniperus communis)* sind ein prägendes Merkmal der Dittinger Weide und breiten sich dort stark aus, weil sie vom Vieh gemieden werden. Auffallend viele Exemplare entwickeln einen Säulenwuchs und erinnern an Zypressen des Mittelmeergebietes.

Wild-Birne *(Pyrus pyraster)*. Sie fällt vor allem im Herbst auf, wenn ihre Blätter rötlich werden. Leuchtend orange Flecken auf den Blättern werden vom Gitterrost (einem Pilz) verursacht. Wilder Apfelbaum und Wild-Birne sind im oberen Teil der Blauen-Weide recht häufig.

Wilder Apfelbaum (= Holz-Apfel, *Malus sylvestris*) Von verwilderten Kulturbäumen ist er an der kahlen Blattunterseite zu unterscheiden.

Entlang der Wege und Waldränder, aber auch im Umkreis von Büschen sind Säume ausgebildet. Saumartige Vegetation entsteht auch an Stellen, die nicht mehr beweidet oder gemäht werden. Für Spinnen und viele Insektengruppen sind sie die bevorzugten Lebensräume. Auf Magerrasen mit verbrachten Stellen leben mehr Schmetterlingsarten als auf solchen ohne. An Säumen häufig beteiligte Pflanzen sind: Dost (=Wilder Majoran), Wirbeldost und Wald-Bergminze. Dazu gehören auch einige Arten, die im Kapitel 7 bereits erwähnt wurden. Erst im Hochsommer, wenn der Blütenreichtum der Magerrasen abnimmt, sind die Säume voll entwickelt. Wer gezielt nach Insekten sucht, wird mit Sicherheit an den Säumen fündig.

Alex Labhardt, Rodersdorf

Saumvegetation aus hochwüchsigen Stauden

Was ist die Natur wert? Es gab schon einige Versuche, den Wert der Natur in Geldwert zu berechnen (z.B. die Erholungsfunktion eines Waldes oder blühender Kirschbäume). Nach Ansicht des Verfassers sind dies fragwürdige methodische Ansätze. Man kann aber interessante Vergleiche ziehen, indem die Kosten für die Neuanlage wertvoller Lebensräume veranschlagt werden (z.B. für den Bau einer Weiheranlage). Ausgereifte Magerrasen sind aber vielfach gar nicht herstellbar, d.h. zu ersetzen. Insofern stellen Magerrasen unendlich wertvolle Lebensräume dar. Ein Grundproblem liegt darin, dass die freie Natur ohne menschliches Dazutun wächst und ein öffentliches Gut ist. Für Ziergrün in Privatgärten gibt man bei uns das Vielfache dessen aus, was die öffentliche Hand für die viel wertvollere freie Natur leistet. Was uns die Natur wert ist, ist letztlich eine Frage unserer Wertvorstellungen. Deswegen ist es wichtig, jungen Menschen die Schönheiten der Natur näher zu bringen.

9.   Moose, Flechten und Pilze

Spricht man von Pflanzen, so sind gewöhnlich Gefässpflanzen wie Kräuter und Gräser gemeint. Zur Pflanzenwelt gehören aber noch weitere Gruppen, nämlich Algen, Moose, Flechten und je nach Auffassung auch Pilze.

Moose

Wer sich die Mühe nimmt, auf allen Vieren den Boden näher zu betrachten, entdeckt zwischen den Grashorsten moosige Stellen. Die Moosflora der Magerweiden ist im Gegensatz zu den Gefässpflanzen in Bezug auf die Artenfülle relativ eintönig und insofern von eher untergeordneter Bedeutung. Ein paar wenige Moose sind häufig. Entsprechend den allgemeinen Bedingungen setzt sich die Moosflora vor allem aus Arten trockenwarmer Lagen zusammen. Vier charakteristische fallen immer wieder auf, nämlich das Katzenpfötchen, das Gelbstängelmoos, das Tännchenmoos sowie das Echte Goldmoos.

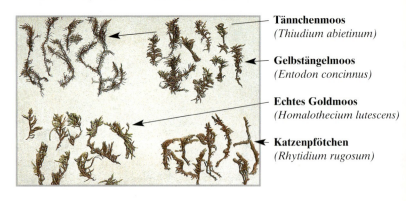

Tännchenmoos
(*Thiudium abietinum*)

Gelbstängelmoos
(*Entodon concinnus*)

Echtes Goldmoos
(*Homalothecium lutescens*)

Katzenpfötchen
(*Rhytidium rugosum*)

Flechten

Zu den Magerrasen gehört eine interessante Flechtengemeinschaft. Die meisten Bodenflechten ertragen keine Düngung, zudem weisen die Magerweiden immer

Die Rentierflechte ***Cladonia rangiformis***. An manchen Stellen ist diese typische Kalkmagerrasenflechte sehr zahlreich. Sie wächst auf Feinerde oft direkt neben steinigen Blössen, wo die Konkurrenz durch andere Pflanzen gering ist.

wieder offene Stellen und anstehendes Gestein auf, wo die konkurrenzschwachen Flechten gedeihen können. In einer dicht stehenden Wiese haben sie keine Chance. ∗ Ausser der abgebildeten Art sind noch weitere Bodenflechten vorhanden (u.a. Becherflechten der Gattung *Cladonia*). An manchen Stellen bilden sie ein buntes Mosaik.

Ganz andere Flechten wachsen dagegen auf den einzeln stehenden Weidebäumen. Besonders markant ist die Flechtengemeinschaft an den Eichen der Nenzlinger Weide.

Die auffälligsten Flechten an den Eichen der Nenzlinger Weide sind: die Strauchflechten *Anaptychia ciliaris*, *Evernia prunastri*, *Ramalina farinacea* und *Ramalina pollinaria*, die Blattflechten *Parmelia caperata* (hell gelbgrün, an der Stammbasis), *Parmelia tiliacea* und *Parmelia sulcata* (beide silbrig-grau, im oberen Teil), die weisslich-mehlige Krustenflechte *Pertusaria spec.* (im obersten Teil).

Diese Flechtengemeinschaft ist typisch für frei stehende Bäume; auf Waldbäumen gedeihen andere Arten. Vergleicht man diese Vergesellschaftung mit derjenigen der Bäume vom Lauchpass (siehe Heft 1, «Rehhag») und von Wildenstein (siehe Heft 3), so stellt man mit den andern beiden Standorten grosse Übereinstimmung fest.

Pilze

Für Pilzliebhaber lohnt es sich, im September/Oktober die Weiden zu besuchen. Einerseits kommen auf den trockenwarmen Weiden recht viele auf diesen Lebensraum spezialisierte Pilze vor, andererseits brauchen Pilze genügend Wasser. Nicht in jedem Jahr stimmt für die empfindsamen Pilze die Kombination verschiedener Faktoren wie Witterung und Bodenfeuchte, so dass nur alle paar Jahre bei günstigen Bedingungen eine reiche Pilzflora anzutreffen ist. Für das Wachstum der Pilze ist insbesondere die intensive Sonneneinstrahlung auf den Weiden heikel. Die hier vorkommenden Pilze kann man in drei Typen unterteilen:

a) **Dungpilze im weitesten Sinne**: Diese Pilze entwickeln sich an stark gedüngten Stellen und auf Kuhfladen. Häufig beteiligt sind Vertreter der Tintlinge, Träuschlinge, Düngerlinge und der Goldmistpilz. Warum wachsen solche Pilze ausgerechnet auf Kuhfladen? Die Sporen dieser Pilze haften an Gräsern und werden vom Vieh gefressen. Sie durchwandern anschliessend den Darm und sind somit bereits im Dung enthalten. Diese Pilzgruppe ist also an die Beweidung gebunden.

Ein typischer Dungpilz, der **Halbkugelige Träuschling** *(Stropharia semiglobata)*

b) **Magerrasenpilze**: Die Pilze dieser Gruppe sind auf ungedüngtes Grünland angewiesen. Typische Magerrasenpilze sind Vertreter der Saftlinge, Rötlinge und Boviste (=Stäublinge). Es gibt sogar Gattungen wie die Samtritterlinge, die ausschliesslich auf Kalkmagerrasen vorkommen. Wahrscheinlich stehen die Pilze dieser Gruppe in Beziehung mit Graswurzeln.

Drei charakteristische Magerrasenpilze:

Hasenstäubling *(Calvatia utriformis)* Der kleinere Wiesenstäubling *(Vascellum pratense)* ist auf den Weiden aber häufiger.

Runzeliger Samtritterling
(Dermoloma cuneifolium)
Er tritt jedes Jahr in
Erscheinung.

Schnürsporiger Saftling
(Hygrocybe quieta)
Ebenfalls keine Seltenheit
der Magerweiden

c) **Pilze in Kontakt mit Baumwurzeln**: Die Pilze dieser Gruppe sind an Bäume gebunden und kommen deshalb besonders am Waldrand vor. Es sind so genannte
Mykorrhizapilze, die in Symbiose mit Baumwurzeln leben. Dabei fallen Vertreter der Röhrlinge und Milchlinge (Reizker) besonders auf. Sie können selber
feststellen, dass Vertreter dieser Gruppe oft weit draussen auf der Weide stehen.
Offenbar reichen die Wurzeln der Waldbäume weit in die Weide hinaus und die
unterirdischen Pilzfäden erstrecken sich selber meterweit.

Körnchen-Röhrling
(Suillus granulatus)
In manchen Jahren ist dieser
an Föhren gebundene Röhrling
recht häufig.

Spangrüner Kiefern-Reizker
(Lactarius semisanguifluus)
Ein Milchling, der ebenfalls auf
Föhren angewiesen ist und auch recht
zahlreich auftreten kann.

Welche Rolle spielen Pilze im Haushalt der Natur? Pilze sind in mehr-
facher Hinsicht für den Haushalt der Natur sehr wichtig. Zum einen sind
sie wesentlich am Abbau organischer Substanz beteiligt. Andere Pilze leben
in Symbiose mit Gefässpflanzen. Man geht heute davon aus, dass diese
Symbiose für die Gefässpflanzen nicht bloss von Vorteil, sondern lebens-
notwendig ist. Pilze treten daneben auch als grosse Pflanzenschädlinge auf
und wirken dadurch als Gegengewicht zu wuchernden Massenbeständen
einzelner Arten. Bisher konnten in der Nordwestschweiz rund 500 solcher
phytoparasitischen Pilze nachgewiesen werden (Rost- und Brandpilze, Echte und Falsche Mehltauarten und weitere, kleinere Gruppen). Viele sind an
eine bestimmte Wirtspflanze oder -gattung gebunden.

10. Zur Tierwelt der Magerweiden

Bei der Tierwelt denken wir zunächst oft an auffällige Vögel oder grosse Säugetiere. Die Wirbeltiere (Säugetiere, Vögel, Reptilien, Amphibien und Fische) machen aber von allen Tierarten der Schweiz (schätzungsweise 40'000) nur etwas über ein Prozent aus. Das Tierreich besteht vor allem aus Insekten (rund 30'000 Arten in der Schweiz).

Es ist unbekannt, wie viele Tierarten die Magerweiden des Laufentals beherbergen. Geht man von der Annahme aus, dass pro Gefässpflanzenart mit zehnmal so vielen Tierarten zu rechnen ist, so kommt man auf rund 5'000 Tierarten – eine durchaus plausible Grössenordnung.

Die einzelnen Tiergruppen der Magerweiden sind unterschiedlich gut bekannt. Über Schmetterlinge, Heuschrecken und Hummeln weiss man gut Bescheid. Bei den Schmetterlingen sind auch Vergleiche mit früher möglich. Die Tagfalter sind eine attraktive und gut überblickbare Insektengruppe, für die sich schon immer Menschen interessiert haben. In andern Insektengruppen haben wir es aber mit einer viel grösseren Artenfülle zu tun. Nah verwandte Arten sind im Feld kaum zu unterscheiden. Man muss sie sammeln und zu Hause unter dem Mikroskop betrachten.

Viele Insektengruppen wurden bei uns bisher nicht systematisch untersucht. Auch auf gesamtschweizerischer Ebene gibt es grosse Kenntnislücken. Von den schätzungsweise 7'000 Fliegenarten der Schweiz (Ordnung Diptera) sind erst etwas über 6'000 belegt. Besonders gross ist das Forschungsdefizit in der Ordnung der Hautflügler, zu denen Bienen und Wespen gehören. Von den schätzungsweise 9'000 zu erwartenden Hautflüglerarten der Schweiz sind erst rund 3'000 registriert worden. Da die entsprechenden Spezialisten fehlen, wurden zahlreiche Insektengruppen nie gründlich bearbeitet.

Im Folgenden sollen einige Tierarten und -gruppen vorgestellt werden,

Markus Kappeler, Hochwald

Bodenfalle für Laufkäfer, Spinnen
und andere Wirbellose
(das Schutzgitter dient der Abwehr
von Mäusen, Füchsen etc.).

Anderer Typ Bodenfalle
mit Deckel als Regenschutz

die in Magerweiden zu erwarten sind. Dabei ist zu beachten, dass die für einen bedeutsamen Lebensraum charakteristischen Insekten oft selten oder unauffällig sind. Die häufig anzutreffenden Insektenarten sind dagegen oft auch weit verbreitet. Man mag somit im ersten Augenblick enttäuscht sein, wie wenig von den Tausenden auf den Magerweiden lebenden Tierarten zu sehen ist. Das hat verschiedene Gründe. Viele Insekten haben eine kurze Flugzeit und treten nur in einer bestimmten Jahreszeit auf. Andere Tiere leben im Boden versteckt (z.B. viele Schnecken oder Milben) oder sind nachtaktiv wie die meisten Laufkäfer und Nachtfalter. Aus unserer Feldherrensicht bekommen wir tatsächlich wenig von der für Magerrasen charakteristisch reichen Bodentierwelt mit. Es lohnt sich, kriechend zu betrachten, was sich am Boden abspielt.

Je mehr man über eine bestimmte Tiergruppe weiss, umso öfter wird man sie in der Natur entdecken. Wer beispielsweise einer bestimmten Insektengruppe nachgehen will, wird gezielt deren Futterpflanzen absuchen. Der Kenner weiss, in welcher Jahreszeit, bei welcher Witterung und in welchen Lebensräumen was zu erwarten ist.

Will man konsequent eine bestimmte Tiergruppe untersuchen, so müssen geeignete Fangmethoden eingesetzt werden. Für Schnecken werden Bodenproben gesiebt, für Nachtfalter installiert man abends eine Lichtquelle, für Spinnen und Laufkäfer werden Bodenfallen eingerichtet.

Weitere einfache Fanggeräte sind zum einen der Kescher (Schmetterlingsnetz): Er dient zum gezielten Fangen von Fluginsekten und zum Abstreifen der Gras- und Krautschicht. Zum anderen sind Regenschirm und Klopfstock nützlich: Mit einem Stock wird auf Zweige geklopft, so dass darauf lebende Insekten herunterfallen und in einem aufgespannten (weissen) Regenschirm aufgefangen werden können.

11. Reptilien und Vögel

Von den fünf Wirbeltiergruppen sind auf den Weiden vor allem Reptilien und Vögel ein Thema. Für einige Amphibienarten sind die trockenwarmen Weiden allenfalls Sommerlebensräume. Wild lebende Säugetiere sind auf den Weiden von untergeordneter Bedeutung. Hie und da sieht man Rehe äsen oder einen Fuchs bei der Jagd nach Kleinsäugern. Auch Feldhasen kann man auf den Weiden gelegentlich beobachten.

Reptilien

Die trockenwarmen Weiden und ihre Randbereiche sind bevorzugte Lebensräume für verschiedene Reptilienarten. An felsigen und steinigen Stellen sind in erster Linie Mauereidechsen zu beobachten. Eher noch häufiger lebt auf den Weiden aber die Zauneidechse. Die drei Magerweiden zählen zu den wichtigsten Zauneidechsenlebensräumen im Kanton. Im Gegensatz zur Mauereidechse ist die Zauneidechse nicht auf Fels- oder Steinstrukturen angewiesen, also auch mitten auf den Weiden anzutreffen. Beide Arten lassen sich gut unterscheiden. Am ehesten kann das Weibchen der Zauneidechse mit der Mauereidechse verwechselt werden. Zauneidechsen sind aber viel kräftiger gebaut und haben keinen abgeflachten Körper. * Daneben sind auf den Weiden Blindschleichen recht häufig.

Nur sehr selten bekommt man dagegen eine Schling- oder Glattnatter zu Gesicht. Die grösste Wahrscheinlichkeit dazu besteht auf der Dittinger Weide. Steinige,

Schling- oder Glattnatter *(Coronella austriaca)*

felsige und nur leicht verbuschte Stellen, die rasch abtrocknen, sind der bevorzugte Lebensraum der Schlingnatter. Die sich vor allem von Reptilien ernährende Schlange lebt sehr versteckt. Am ehesten kann man sie bei bedecktem Sommerwetter sowie vor oder nach einem Gewitter beobachten. Die Schlingnatter ist in unserer Gegend generell selten und vom lokalen Aussterben bedroht. Im Rahmen des Reptilieninventars beider Basel 1994–98 wurde sie nur 26 Mal, zum Teil am gleichen Fundort, nachgewiesen. Wer eine entdeckt, soll dies bitte der Kantonalen Naturschutzfachstelle melden.

In der Schweiz kommen zwar nur acht Schlangenarten vor, doch ist es gar nicht leicht, unsere einheimischen Schlangen im Felde eindeutig zu bestimmen, weil Färbung und Muster bei den einzelnen Arten stark variieren können. Die Schling-natter ist eine kleine, schlanke Schlange, die bei uns im Jura nur selten länger als 60 cm wird. Von der Ringelnatter unterscheidet sie sich durch glatte Schuppen und den dunklen Augenstreifen, der sich – wie bei der Juraviper, die aber senk-recht geschlitzte Pupillen hat – seitlich dem Kopf entlang zieht.

Vögel

Die Vogeldichte auf den Weiden ist nicht gross; im angrenzenden Wald ist sie viel höher, und die Zahl der Vogelarten ist dort auch grösser. Auf den Weiden leben aber in grösserer Zahl ein paar Vogelarten, die auf offenes, extensiv genutztes Land angewiesen sind. Gerade sie sind in den letzten 30 Jahren zum Teil be-sonders stark zurückgegangen, und viele stehen heute zuoberst auf der Roten Liste der gefährdeten Arten. * Die Weiden sind weiter für Vogelarten wie Turm-falke und Schwalben wichtige Jagdgebiete.

Bemerkenswerte Brutvögel sind:

Goldammer: Sie ist ein klassischer Heckenvogel und im Baselbiet recht verbrei-tet. Auf der buschreichen Blauen-Weide wurden an die 20 Reviere gezählt – eine für unsere Gegend aussergewöhnlich hohe Dichte.

Neuntöter: Er ist ein weiterer typischer He-ckenvogel. Im Vergleich zur Goldammer ist der Neuntöter jedoch an-spruchsvoller an seinen Lebensraum. An Süd-hängen mit Magerrasen und vielen Buschkom-plexen erreicht er die höchste Dichte. Auf der Blauen-Weide und der-jenigen von Dittingen ist er gut vertreten; auf der Nenzlinger Weide fehlt er, weil es dort keine Büsche hat. Mit der För-derung grosser Busch-komplexe auf der Blauen-

Neuntöter-Paar *(Lanius collurio)*
Links das Männchen, rechts das Weibchen;
das Männchen hat einen auffallend
rostbraunen Rücken.

Weide nahm dort die Zahl seiner Reviere stark zu. Waren es 1982 erst drei, so zählte man in den letzten Jahren zwischen 20 und 23 Brutpaare und somit eine in unserer Region selten erreichte hohe Dichte. ∗ Nach der Ankunft Ende April/ Anfang Mai hört man die Männchen singen, oft zuoberst auf einer Hecke. Ihr eigenartiger Gesang ist für unser Ohr nicht gerade virtuos. Im Juli fallen die Neuntöter wiederum auf, wenn die Jungen laut betteln und die Altvögel eifrig Futter herbeitragen. Bereits Ende August verlassen sie unsere Gegend, obwohl das Futterangebot auf den Weiden dann noch gut wäre.

Baumpieper: Er ist ein weiterer Vogel, der auf extensiv genutztes Kulturland angewiesen ist. Früher war er auf allen Weiden in etlichen Paaren Brutvogel. Bis in die 1970er Jahre gab es alleine auf der Blauen-Weide über 10 Paare, 1987 waren es noch fünf, dann erlosch wie fast überall in unserer Gegend der Bestand. Im Jahr 2001 sang aber wieder je ein Baumpieper auf der Dittinger und Blauen-Weide. Die nächsten Jahre werden zeigen, ob die Rückkehr von Dauer ist oder ob es sich bloss um ein erfreuliches Einzeljahr gehandelt hat.

Heidelerche: Früher kamen auf den Laufentaler Weiden auch Heidelerchen vor. Sie verschwanden schon zu Beginn der 1970er Jahre.

Wespenbussard: Obschon er die Grösse des Mäusebussards hat, ist es schwierig anzugeben, wie viele Paare in den beiden Basel brüten. Zur Brutzeit zeigt er sich nämlich selten. Es sind mindestens vier, möglicherweise aber bis 15 Brutpaare in den beiden Basel. Die Wahrscheinlichkeit, bei uns Wespenbussarde zu sehen, ist im Gebiet der Laufentaler Magerweiden am grössten, weil dort seine bevorzugte Nahrung reichlich vorhanden ist. Mit den Füssen scharrt er Wespen- und Hummelnester aus dem Boden. Sein Horst befindet sich auf einem Waldbaum. Für den Laien ist der Wespenbussard schwierig vom häufigen Mäusebussard zu unterscheiden. Nur mit Übung erkennt man die unterschiedlichen Körperproportionen der beiden Greife. Als Zugvogel hält er sich bei uns zwischen Mai und August auf.

Wespenbussard *(Pernis apivorus)*

Paolo Pavan, I–Latino

12. Schnecken

Die Weiden beherbergen eine artenreiche, stark spezialisierte Schneckengemeinschaft. Auf einer 1,5 ha grossen Untersuchungsfläche der Nenzlinger Weide wurden zu Beginn der 1990er Jahre 21 Arten gefunden (vor allem Häuschenschnecken, nur wenige Nacktschnecken). Eine Bodenprobe enthält manchmal Hunderte von Häuschenschnecken.

Früher dürften auch andere Landwirtschaftsgebiete derart reich an Häuschenschnecken gewesen sein. Heute sind diese Arten wegen der intensiveren Bewirtschaftung auf weiten Flächen praktisch ausgestorben. Sie wurden durch zum Teil neu eingewanderte Nacktschneckenarten ersetzt. Bei diesen beobachtet man – nicht zuletzt auch begünstigt durch die zunehmend milder werdenden Winter – immer wieder Massenauftreten.

Besucht man die Weiden, bekommt man nicht gerade viel von diesem Artenreichtum mit. Die meisten Schnecken sind recht klein und leben in der Vegetation versteckt. Eine Charakterart der Magerweiden sieht man aber immer wieder, nämlich die Westliche Heideschnecke. Sie gilt in unserer Region als gefährdet, weil sie wegen ihrer spezifischen Ansprüche aus vielen Gegenden verschwunden ist. Weitere bekannte Orte, an denen sie nicht ausgestorben ist, sind die Reinacher

Christoph Oberer, Liestal

Westliche Heideschnecke (*Helicella itala*)
Nicht alle Häuschen sind gleich gefärbt. Etwa fünf bis zehn Prozent sind weisslich oder braun ohne Bänderung.

Heide und sonnige Felsfluren vor allem im Faltenjura (siehe Heft 1 über den «Rehhag»). * Im Frühling und Herbst sind die Heideschnecken am aktivsten. An heissen Sommertagen entfliehen sie der Bodenhitze, indem sie Halme hinaufkriechen.

Quendelschnecke
(*Candidula unifasciata*)

Auf der Blauen-Weide kommt eine weitere charakteristische Schnecke trockenwarmer Standorte vor, die Quendelschnecke. Sie hat ähnliche Ansprüche wie die Heideschnecke, ist aber in der Nordwestschweiz noch seltener und vom Aussterben bedroht. Im Vergleich zur Heideschnecke ist sie kleiner, fällt aber wegen ihrer typischen, etwas kugeligen Form dennoch auf. Auch sie ist in der Schalenfärbung sehr variabel.

13. Spinnen

Spinnen leben überall, auch in Häusern und sogar im Wasser wie die Wasserspinne. Am meisten Spinnenarten findet man bei uns in Laubwäldern und Magerrasen. Für den Haushalt der Natur spielen sie eine wichtige Rolle. So wurde für einen Magerrasen hochgerechnet, dass alleine die Radnetzspinnen pro Jahr und Hektare fast 90 Kilogramm Insekten fangen. * In der Schweiz kommen rund 900 Spinnenarten vor. Auf den Magerweiden des Laufentals ist laut Ambros Hänggi mit 200 bis 300 Arten zu rechnen. Auf einer 1,5 ha grossen Testfläche der Nenzlinger Weide wurden alleine mit Bodenfallen 60 Arten festgestellt.

Unsere Spinnen werden in rund 40 Familien eingeteilt. Die meisten spinnen Netze, viele einheimische Arten jedoch nicht. Die verschiedenen Netztypen gaben einigen Familien den Namen: Radnetz-, Trichter-, Baldachinspinnen. * Im Folgenden sollen diejenigen Familien vorgestellt werden, von denen man auf den Weiden immer wieder Vertreter antrifft. Ausser den vorgestellten Familien kommen dort noch weitere vor, so die nachtaktiven Plattbauchspinnen, die sich tagsüber gerne unter Steinen aufhalten, oder die Grasgrüne Huschspinne aus der Familie der Jagdspinnen. * Die Bestimmung der einzelnen Arten ist oft sehr schwierig und nur anhand der Geschlechtsorgane möglich.

Wolfspinnen: Es sind bodenlebende, flinke Jäger. Sie kommen überall vor; auf den Weiden sind sie besonders zahlreich. Diese Familie zählt in Mitteleuropa 92 Arten mit oft artspezifischem Verhalten. So lässt sich bei Wolfspinnen im April/Mai das Balzverhalten beobachten: Die Männchen winken mit den Tastern. Im Juni/Juli sieht man häufig Weibchen mit Eikokons. Die geschlüpften Jungspinnen leben zunächst auf dem Rücken der Mutter. Wolfspinnen betreiben Brutfürsorge.

Die auf den Magerweiden vorkommende Wolfspinne **Alopecosa pulverulenta**

Veränderliche Krabbenspinne *(Misumena vatia)* Die Farbanpassung an die Blüte dauert jeweils ein paar Tage.

Krabbenspinnen: Der Name geht auf die krabbenartig seitwärts gerichteten Beine zurück. Gleich den Wolfspinnen bauen sie keine Fangnetze, sondern leben am Boden und häufig auf Blüten, wo sie blütenbesuchenden Insekten auflauern. In Mitteleuropa leben in dieser Familie 55 Arten.

Raubspinnen: Diese Bodenräuber bauen ebenfalls kein Fangnetz, sondern ein charakteristisches Gespinst, in das sie den Kokon zuoberst aufhängen. Vor dem Aufhängen des Kokons trägt ihn das Weibchen bis zum Schlüpfen der Jungen mit

Listspinne *(Pisaura mirabilis)* mit Kokon

Gespinst der Listspinne mit aufgehängtem Kokon

sich herum. Auch Raubspinnen betreiben umfangreiche Brutfürsorge. Wo das Gespinst ist, ist auch die Spinne nicht weit. In Magerrasen ist aus dieser Familie nur eine Art zu erwarten: die Listspinne.

Trichterspinnen: Ihre Netze findet man auf Weiden häufig aufgespannt zwischen Pflanzen oder niedrigen Sträuchern, ähnlich wie ein aufgespannter Trichter. Die Tiere warten am Grunde des Trichters in Lauerstellung und ziehen sich bei Gefahr dorthin zurück. Da die Trichter zum Boden hin offen sind, können die Tiere quasi durch die Hintertür entfliehen. Die Familie zählt bei uns rund 20 Arten; die relativ grosse Hausspinne gehört dazu.

Die auf den Magerweiden lebende Trichterspinne **Agelena labyrinthica**

Netz mit Baldachinspinne **Linyphia triangularis**

Baldachinspinnen: Ihre charakteristisch horizontal liegenden Netze sieht man ab Juli vielerorts in Büschen und Altgrasbeständen. Die kleinen bis sehr kleinen Spinnen (z.T. weniger als einen Millimeter gross) hängen immer an der Unterseite des Netzteppichs. Diese artenreichste Familie umfasst in Mitteleuropa rund 450 Arten.

Radnetzspinnen: Sie bauen die bekannten radartigen Spinnennetze. Für Beobachtungen sind Vertreter dieser Familie am dankbarsten. Die Spinnen sitzen immer kopfunter in der Netzmitte oder in einem Schlupfwinkel ausserhalb des Netzes, der mit einem Signalfaden mit der Netzmitte verbunden ist. Werfen Sie ein Insekt ins Netz! Sie sehen dann, wie die Spinne das Opfer in Spinnfäden einwickelt und anschliessend mit einem Giftbiss lähmt. In der Morgendämmerung kann man ihnen auch beim Netzbau zuschauen.

Die auf den Magerweiden heimische Kreuzspinne *Araneus diadematus*

In Mitteleuropa umfasst die ganze Familie 53 Arten, wobei je nach Autor auch davon abweichende Zahlen angegeben werden.

Eine besonders attraktive Radnetzspinne ist die auf den Magerweiden anzutreffende **Wespenspinne** *(Argyope bruennichi)*. Ihr Netz hat oberhalb und unterhalb der Netzmitte (Nabe) ein dichtes Zickzackband: das Stabiliment, das vermutlich aber nicht der Stabilisierung, sondern der Tarnung dient. Vielleicht sehen Sie auch den grossen verkehrt-birnenförmigen Kokon, in dem die Jungtiere überwintern.

14. Heuschrecken

Neben den Tagfaltern gehören die Heuschrecken zu den auffälligsten Insekten der Magerweiden. Im Hochsommer hört man überall ihr Gezirpe; fortlaufend springen welche weg. Heuschrecken lieben die Wärme und treten deshalb mit Ausnahme der Feldgrillen und Dornschrecken erst ab Juni erwachsen in Erscheinung. Wenn die Vögel still werden, beginnt der Gesang der Heuschrecken. Beste Beobachtungszeit für sie ist August/September.

Die Heuschrecken werden unterteilt in Kurzfühlerschrecken (mit den Feldheuschrecken, Dornschrecken und Knarrschrecken) und Langfühlerschrecken (mit den Laubheuschrecken und Grillen).

Der Laie kann die verschiedenen Heuschreckenarten mit etwas Übung durchaus am Gesang unterscheiden. Wer im Sommer über die Weiden geht, nimmt ganz unterschiedliches Gezirpe wahr. Ihre Lautäusserungen sind absolut artspezifisch und klar auseinander zu halten. Die Heuschreckengesänge zu beschreiben ist aber schwierig. Am besten lernt man sie kennen, indem man einen Kenner im Feld begleitet.

Heuschrecken lassen sich gut beobachten. Sie erkennen dann auch, wie sie das Gezirpe erzeugen: Die meisten Langfühlerschrecken reiben die Vor-

Kleine Goldschrecke
(Euthystira brachyptera)

derflügel aneinander, die meisten Kurzfühlerschrecken die Hinterbeine an den Vorderflügeln. Wer flink ist, wird welche fangen, um sie von Nahem zu betrachten. Schon aus Distanz sehen Sie, ob es sich um eine Kurz- oder Langfühlerschrecke handelt. Bei den Weibchen der Langfühlerschrecken sieht man ausserdem den säbelartigen Legestachel. Die Färbung kann innerhalb der Arten variieren, ist also nur bedingt ein Bestimmungsmerkmal. Interessant zu beobachten ist ferner das Paarungsverhalten der Heuschrecken.

Wer sich mit Heuschrecken auskennt, weiss, dass sie sehr enge Beziehungen zu ihrem Lebensraum haben. In Fettwiesen findet man bloss wenige, allgemein verbreitete Arten, in Magerwiesen dagegen bis über 20 Arten. Heuschrecken der Magerrasen haben ebenfalls unterschiedliche Standortansprüche. Manche bewohnen die rasigen Flächen, andere benötigen Büsche, und einige stark spezialisierte sind auf vegetationsarme, steinige Stellen angewiesen.

Für Heuschrecken dürfte die strukturreiche Dittinger Weide am attraktivsten sein. Dieter Thommen hat dort im Laufe mehrerer Jahre 23 Arten nachgewiesen. Auf einer kleinen Fläche der Nenzlinger Weide sind in zwei Jahren immerhin 17 Arten festgestellt worden, darunter drei andere als auf der Dittinger Weide (siehe Anhang). In der ganzen Schweiz gibt es 107 Heuschreckenarten.

Ein paar typische Heuschrecken von Magerweiden der Nordwestschweiz sind nebst der auf Seite 43 abgebildeten Kleinen Goldschrecke:

Heidegrashüpfer
(Stenobothrus lineatus)

Zweipunkt-Dornschrecke
(Tetrix bipunctata)

Zweifarbige Beissschrecke
(Metrioptera bicolor)

Westliche Beissschrecke
(Platycleis albopunctata)

Gemeine Sichelschrecke
(Phaneroptera falcata)

Buntbäuchiger Grashüpfer
(Omocestus rufipes)

Die bei uns häufigsten und allgemein verbreiteten Heuschrecken, der Gemeine Grashüpfer, der Nachtigall-Grashüpfer sowie das Grüne Heupferd sind auf den Weiden auch vertreten. Im Gegensatz zu den zahlreichen Spezialisten der Magerweiden kann man sie als Generalisten bezeichnen.

An besonders trockenen und steinigen Stellen der Dittinger Weide sind die gesamtschweizerisch gefährdeten Arten Rotflügelige Schnarrschrecke und die Blauflügelige Ödlandschrecke zuhause. Beim Auffliegen der gut getarnten Tiere kommen die grellen Schreckfarben zum Vorschein, und wenn sie mit einer Hakenlandung niedergehen, sind sie gleich wieder verschwunden.

Rotflügelige Schnarrschrecke *(Psophus stridulus)*
Siehe auch Heft 1 «Rehhag», Seite 44

15. Wanzen und Zikaden

Die meisten Wanzenarten kommen auf krautigen Pflanzen vor. Doch gibt es auch solche, die in der Bodenstreu leben, wie die häufige Feuerwanze, oder aber im Wasser wie der Rückenschwimmer (siehe Heft 2 «Tal bei Anwil»).

Die Mehrzahl der rund 750 Wanzenarten der Schweiz lebt von Pflanzensäften und zeigt eine mehr oder weniger starke Vorliebe für eine bestimmte Wirtspflanze. Besonders beliebt sind die Blütenstände mancher Doldenblütler. Entsprechend der Reichhaltigkeit der Pflanzenwelt auf den Magerweiden leben hier auch zahlreiche Wanzenarten. Wie viele es sind, ist nicht bekannt. Besonders auffallend sind die grossen Baumwanzen (Pentatomidae). Daneben sind es vor allem Weichwanzen, die aufgrund ihrer Häufigkeit am ehesten wahrgenommen werden. Die beiden abgebildeten Arten stellen bloss eine Auswahl dar.

Die Baumwanze *Carpocoris fuscispinus*, eine häufige Wanzenart der Laufentaler Magerweiden, die vor allem auf Korbblütlern zu finden ist. Gut erkennt man als Merkmal für Wanzen das dreieckige Schildchen auf dem Rücken.

Werner Herter, Binningen

Eine der zahlreichen Weichwanzen: *Calocoris roseomaculatus*, die häufig und mit Vorliebe an Margerite und Schafgarbe saugt.

Werner Herter, Binningen

Die etwa 900 in Mitteleuropa vorkommenden Zikadenarten sind alle Pflanzensauger. Nur wenige unter ihnen erzeugen für den Menschen hörbare laute Geräusche (Singzikaden). * In Basel und Umgebung konnten bisher rund 200 Zikadenarten nachgewiesen werden.

Schaum («Guggerschpeuz») einer
Schaumzikade an Wiesen-Salbei

Wiesenschaumzikade
(Philaenus spumarius)

Auf den Weiden fallen immer wieder schaumartige Gebilde an Pflanzenstängeln auf. Es sind die von Schaum umgebenen Larven der Schaumzikaden. Sie stellen innerhalb der Zikaden eine eigene Familie mit ca. 20 mitteleuropäischen Arten dar. Die Wiesenschaumzikade ist weit verbreitet und kommt auch in gedüngtem Grünland vor. Auf den Magerweiden gibt es aber auch Spezialisten, die warme und trockene Standorte bevorzugen.

Was ist ein Monitoring? Ein Monitoring ist ein Überwachungsprogramm für ausgewählte Tier- oder Pflanzengruppen. Es geht darum, der Frage nachzugehen, welche Arten über die Jahre innerhalb eines bestimmten Gebietes zu- oder abnehmen. Genaue Daten darüber liegen nämlich in den meisten Fällen nicht vor. Auf gesamtschweizerischer Ebene wird seit einigen Jahren unter der Federführung des BUWAL ein Überwachungsprogramm durchgeführt, und mehrere Kantone haben eigene Programme entwickelt. Ein Grundproblem des Monitorings besteht darin, dass nur Tier- und Pflanzengruppen mit leicht erfassbaren und einfach bestimmbaren Arten in Frage kommen. Ausserdem müssen genügend Fachleute zu günstigen Konditionen zur Verfügung stehen. Dank den vielen freiwilligen MitarbeiterInnen der Schweizerischen Vogelwarte Sempach kommen für das Monitoring «Häufige Brutvögel Schweiz» Daten von guter Qualität zustande. Jedes Jahr wird nun die Brutvogelwelt von 250 Flächen à je ein Quadratkilometer kartiert. Für andere Tiergruppen kann ein derart gründliches Monitoring alleine deshalb nicht durchgeführt werden, weil die Fachleute fehlen. Werden Monitoringprogramme aber methodisch vereinfacht, so besteht die Gefahr, dass Daten von fragwürdiger wissenschaftlicher Qualität entstehen. Es ist Aufgabe des Staates, für möglichst alle Tier- und Pflanzengruppen Spezialisten auszubilden, damit der Artenreichtum überhaupt erfasst werden kann. Eine solche Spezialisierung dauert Jahre.

16. Tag- und Nachtfalter sowie Netzflügler

Die **Tagfalter** sind die am besten untersuchte Insektengruppe der Weiden. Wegen ihrer Attraktivität haben sich schon immer Menschen für sie interessiert. Alle drei Weiden wurden von mehreren Leuten erforscht. Bemerkenswert ist, dass sie alle seltene Tagfalter aufweisen, die jeweils nur auf einer der drei Weiden nachgewiesen werden konnten.

Erwartungsgemäss ist die Artenzahl sehr hoch. Verglichen mit dem für Tagfalter sehr wertvollen Gebiet Lauchweid/Rehhagweid (52 Arten, siehe Heft 1) sind es hier mit 57 Arten sogar noch ein paar mehr. Die grossen Weideareale bieten gerade jenen Faltern eine Existenzmöglichkeit, die ausgedehnte Areale brauchen. Wie bei vielen Insektengruppen besteht ein enger Zusammenhang mit der Pflanzenwelt. Viele Arten benötigen besonders als Raupe eine bestimmte Pflanzenart als Futter. Die Vielfalt an Pflanzen widerspiegelt sich in der Diversität der Falterfauna. Auch Büsche und vergandete Grasbestände sind für Tagfalter wichtig; so sind die für Magerweiden typischen Arten Nierenfleck und Schlehenzipfelfalter (beides Bläulinge) auf Schwarzdorn angewiesen.

Auch wer sich in der Insektenwelt nicht gut auskennt, kann einige Tagfalter rasch ansprechen. Für andere Arten braucht es aber etwas Übung, und bei schwierigen Gruppen (Bläulinge, Dickkopffalter, Augenfalter, Scheckenfalter) muss man sie zur genauen Artbestimmung mit einem Netz fangen.

Im Folgenden sollen ein paar häufige und charakteristische Tagfalter vorgestellt werden und anschliessend auch ein paar Seltenheiten der Laufentaler Magerweiden.

Goldene Acht oder **Gemeiner Heufalter** (*Colias hyale*), zahlreich ist auch der sehr ähnliche Hufeisenkleeheufalter (*Colias alfacariensis*, Foto siehe Heft 1, Seite 45). Die beiden Falter können im Feld wegen ihrer nur tendenzmässigen Unterschiede nicht sicher unterschieden werden. *Colias hyale* hält sich gerne in Luzernewiesen auf, *C. alfacariensis* eher in mageren Weiden mit Hufeisenklee. Gelingt es jedoch, Weibchen bei der Eiablage zu beobachten, können daraus die Raupen gezüchtet werden. Diese sind eindeutig zu unterscheiden. ∗ Die Gruppe der Weisslinge, zu der diese beiden Arten gehören, ist hier insgesamt mit neun Arten vertreten.

Werner Herter, Binningen

Westlicher Schecken-falter *(Mellicta parthe-noides)*, immer wieder anzutreffen ist auch der Hainveilchenperlmutter-falter *(Clossiana dia*, für Foto siehe Heft 1, Seite 46). Diese beiden gehören zu den Edel-faltern, von denen es auf den Weiden 13 Ar-ten gibt.

Gut vertreten ist auf den Weiden auch die Gruppe der Augenfalter. Von den zehn Augenfaltern sind die drei abgebildeten häufig zu sehen, ausserdem das Grosse Ochsenauge *(Maniola jurtina*, für Foto siehe Heft 1, Seite 45).

Schachbrettfalter
(Melanargia galathea)

Kleines Wiesenvögelchen
(Coenonympha pamphilus)

Mauerfuchs
(Lasiommata megera)

Himmelblauer Bläuling
(Lysandra bellargus,
oben das Weibchen)
Von den 13 hier vor-
kommenden Bläulingen
sind dieser und der
Hauhechelbläuling
(Polyommatus icarus)
am zahlreichsten.

Seltenheiten der Weiden: Die Ritterfalter sind auf den Weiden durch den allgemein verbreiteten Schwalbenschwanz und den sehr selten gewordenen Segelfalter vertreten (für Foto Segelfalter siehe Seite 9). Weitere Seltenheiten sind:

Weisser Waldportier *(Brintesia circe)*
Er gehört zu den grössten einheimischen Faltern.

Rostbinde oder **Ockerbindiger Samtfalter** *(Hipparchia semele)*, ein Augenfalter

Von den zehn Dickkopffalterarten der Weiden sind zwei gesamtschweizerisch selten, und ein dritter ist im Jura sehr selten. Der **Zweibrütige Würfelfalter** *(Pyrgus armoricanus)* kommt in der Schweiz nur in wenigen Gegenden vor.

Nachtfalter: Die sehr artenreiche Gruppe der Nachtfalter und Kleinschmetterlinge ist auf den Laufentaler Weiden nur selektiv untersucht worden. Auf den Weiden kommen von ihnen mit Sicherheit mehrere hundert Arten vor. Viele Nachtfalter sieht man auch tagsüber. Auffallend sind unter anderem Federmotten, Langhornmotten und Zünsler bei den Kleinschmetterlingen und die Gamma-

eule oder diverse Spanner bei den Grossschmetterlingen. Besonders augenfällig sind die tagfliegenden Blutströpfchen oder Widderchen. Von den drei Widderchen der Magerweiden ist das abgebildete mit Abstand das häufigste.

Gemeines Blutströpfchen *(Zygaena filipendulae).* Sechs rote Flecken pro Flügel haben übrigens auch andere Widderchenarten.

Ameisenlöwe (ein Netzflügler): Ein interessantes Insekt lebt am Fusse der Erdwand im Flurgebiet «Räben» der Blauen-Weide, aber auch auf kahlen Stellen der Dittinger Weide. Im Hochsommer findet man dort im sandigen Material Reihen kleiner Trichter. Zuunterst, verborgen unter Erdmaterial, lauert der Ameisenlöwe, die Larve der Ameisenjungfer, auf Beute. Verirrt sich ein mögliches Beutetier (meist eine Ameise) in den Trichter, so schleudert der Ameisenlöwe Sandkörner nach oben, worauf die Beute unweigerlich ins Zentrum nach unten rutscht. Dort packt er sie mit seinen Zangen. Sie können selber überprüfen, wie es funktioniert, indem Sie eine Ameise in den Trichter werfen. Suchen Sie die Trichter ab, evtl. sehen Sie die herausragenden Zangen. Sie können den Ameisenlöwen mit Vorsicht auch ausgraben. Das erwachsene Tier, die Ameisenjungfer, hat eine libellenartige Gestalt.

Trichter des
Ameisenlöwen

Der **Ameisenlöwe** *(Myrmeleon formicarius)*
(eine Larve)

51

17. Fliegen, Bremsen (Zweiflügler)

Zu den Zweiflüglern gehören Schnaken, verschiedene Mücken- und Fliegengruppen sowie Bremsen. Gemeinsames Merkmal ist das einzige entwickelte Flügelpaar, daher der Name Zweiflügler. Auch diese Insektenordnung ist artenreich. Bisher wurden in der Schweiz knapp 6'500 Zweiflüglerarten von geschätzten 7'000 nachgewiesen. Wie viele davon auf den Laufentaler Magerweiden vorkommen, ist unbekannt. Es dürften mindestens 1'000 sein. Die Zweiflügler wurden in unserer Gegend bisher nicht systematisch untersucht. Man steht vor einer kaum fassbaren Artenfülle. Im Folgenden sollen diejenigen Zweiflüglergruppen vorgestellt werden, von denen man auf den Magerweiden immer wieder Vertreter antrifft.

Schwebfliegen: Es sind eifrige Blütenbesucher und an ihrem Flugverhalten einfach zu erkennen: Sie können nämlich in der Luft stehen bleiben. In der Grösse variieren sie erheblich und hinsichtlich der Farbmuster sehen sie zum Teil aus wie Bienen, Wespen oder Hummeln. Die harmlosen Schwebfliegen ahmen somit bewehrte Insekten nach, um Feinde abzuschrecken. Das nennt man Mimikry. Gemäss den Fachleuten ist auf allen Weiden des Juras (inkl. Waldränder, Waldwege) gesamthaft mit rund 200 Schwebfliegenarten zu rechnen.

Die Schwebfliege
Xanthoramma festivum

Die Schwebfliege
Eristalis jugorum

Die an eine Hornisse erinnernde Schwebfliege
Volucella inanis

Echte Fliegen, Schmeissfliegen, Bremsen, Raubfliegen, Raupenfliegen: Überall, wo es Viehdung auf Weiden gibt, sind Fliegen dieser Gruppen in oft grosser Zahl anwesend und stellen für die Tiere, aber auch für uns Menschen lästige Plagegeister (wie die Regenbremse) dar. Die metallisch glänzende Goldfliege sieht man

Goldfliege *(Lucilia spec.)*
Darunter fallen mehrere
sehr ähnliche Arten.

Tachina spec., eine verbreitete Raupen- oder
Schmarotzerfliege der Magerweiden

Die Raubfliege
Tolmerus atricapillus

oft auf Kuhfladen. Raubfliegen treten dagegen nicht massiert auf, sondern einzeln. Sie leben räuberisch von andern Insekten. * Von den etwa 500 mitteleuropäischen Raupen- oder Schmarotzerfliegen sind einige Arten immer wieder auf den Weiden anzutreffen. Ihre Larven sind in vielen Fällen Endoparasiten von Falterlarven. Die Fliegen selber sind in der Mehrzahl Blütenbesucher.

Fruchtfliegen: Die eher kleinen Fruchtfliegen legen ihre Eier entweder in Früchte, wie die Kirschenfliege, oder in Blütenköpfe von Körbchenblütlern, an denen einige Arten gallenförmige Wucherungen hervorrufen.

Auf den Weiden vorkommende Fruchtfliege
Tephritis conura
(Paar bei der Balz)

53

18. Bienen, Wespen, Ameisen (Hautflügler)

Verschiedene Gruppen dieser Insektenordnung sind auf den Magerweiden gut vertreten und typisch für diesen Lebensraum. Die vielen offenen Bodenstellen ermöglichen zahlreichen Hautflüglern das Anlegen von Bodennestern. Andere brauchen das reiche Blütenangebot der Weiden ausschliesslich als Nahrungsquelle und nisten im angrenzenden Wald. Bis auf Hummeln ist von dieser Insektenordnung über die Magerweiden des Laufentals leider wenig bekannt. Auch wer die Artnamen nicht kennt, kann doch wenigstens mit einiger Geduld und etwas Glück Interessantes zur Lebensweise dieser Insekten beobachten.

Bienen

Neben der domestizierten Honigbiene kommen in Mitteleuropa über 600 Arten von wild lebenden Bienen vor, zu denen auch die Hummeln zählen. Während die Hummeln der drei Weiden gut untersucht wurden (siehe Anhang), fehlt bei andern Bienengruppen ein Überblick.

Die grossen **Hummeln**, die schon früh im Jahr auftreten, sind natürlich besonders augenfällig. Sie können im Gegensatz zu den meisten andern Bienenarten auch bei kühlem und feuchtem Wetter tätig sein. Von den elf Hummeln der Weiden sind sechs häufig, die andern fünf gelten in der Schweiz als gefährdet bis stark gefährdet (siehe Anhang). Zwei der elf nachgewiesenen Hummeln sind:

Dunkle Erdhummel	**Wiesenhummel**
(Bombus terrestris)	*(Bombus pratorum)*

Aufgrund der unterschiedlichen Grösse und Färbung des Hinterleibs mit oft auffälliger Zeichnung kann man mehrere Arten relativ leicht unterscheiden, wobei innerhalb der Arten die Färbung sehr variabel sein kann und deswegen kein zuverlässiges Bestimmungsmerkmal ist.

Bei Hummeln kann man beobachten, dass die einzelnen Arten unterschiedliche Blüten besuchen. Die Zungenlänge der Hummel muss zur Blütenlänge passen. Es gibt unter den Hummeln aber auch Generalisten. Mit etwas Glück entdeckt man ein Hummelnest. Hummeln legen es in vorge- fundenen Hohlräumen an: je nach Art oberirdisch (z.B. in Vogelkästen), an der Erdoberfläche in Moos oder einem Grashorst (typisch für Magerrasen) oder unterirdisch (z.B. in verlassenen Mäusenestern). Für oberirdische Hummelnester besonders geeignet sind verbrachte Rasen.

Wie in vielen andern Hautflüglergruppen existiert auch bei Hummeln Brutparasitismus. Die auf den Weiden vorkommenden Kuckucks- oder Schmarot- zerhummeln leben als Sozialparasiten im Wirtsnest. Bei manchen Arten wird die Königin vertrieben oder getötet, bei andern leben Parasit und Wirt zusammen. Da diese Hummeln die Fähigkeit, Wachs zu produ- zieren, verloren haben, zerstören sie im Wirtsnest einen Teil der Arbeiterinnenzellen, um mit diesem Wachs Zellen für die eigene Nachkommenschaft zu bauen. Die spätere Brutpflege besorgen dann aber die Wirtsarbeiterinnen. Die Kuckuckshummeln haben als Schmarotzer gar keine Arbeiterinnen.

Die auf den Laufentaler Magerweiden vorkom- mende Kuckucks- oder Schmarotzerhummel **Psithyrus rupestris**

Am häufigsten findet man Bienen auf den Weiden zur Hauptblütezeit im Mai/ Juni. Von den Dutzenden hier vorkommender Bienenarten sollen zwei Gruppen, die man immer wieder sieht, herausgegriffen werden:

Furchenbienen (Gattun- gen *Lasioglossum* und *Halictus*): Die kleinen Furchenbienen sieht man auf Blüten beim Sam- meln von Nektar und Pollen. Von den 17 *Ha- lictus*- und 77 *Lasioglos- sum*-Arten der Schweiz lassen sich nur wenige im Felde bestimmen. Die meisten Furchenbienen sind klein (4 bis 6 mm), einige erreichen aber die Grösse einer Honigbie-

Furchenbiene **Halictus rubicundus**

Nesteingang mit Kraterhügel von Furchenbienen (*Lasioglossum spec.*)

ne. Bei manchen Arten gibt es Übergänge von der solitären Lebensweise (ein- zeln lebend) bis zu sozialen Formen. * Die Furchenbienen nisten an offenen Bodenstellen, z.B. auf Wegen. Dort findet man hie und da die aus Drüsensekret zementierten Röhren, nachdem der Sand rundum vom Regen weggeschwemmt wurde.

Blutbienen (Gattung *Sphecodes*): Sie sind ebenso klein wie Furchenbienen und bauen keine eigenen Nester. Die Weibchen dringen in die Nester ihrer Wirtsart ein (in der Regel Furchenbienen), vernichten das Ei oder die junge Larve des Wirts und legen dann ihre Eier in die mit Nahrung gefüllten Brutzellen.

Blutbiene der Gattung *Sphecodes*

Wespengruppen

Unter «Wespen» werden ganz verschiedene Gruppen von Hautflüglern zusammengefasst. Landläufig versteht man darunter die «Sozialen Faltenwespen», die einjährige Staaten bilden und von denen zwei Arten oft im Frühherbst bei Häusern lästig in Erscheinung treten. Vertreter der Sozialen Faltenwespen wie die Feldwespe sieht man auch auf den Weiden, sie sind hier aber nicht charakteristisch. Typisch für Magerweiden sind andere Wespengruppen wie Grab- und Wegwespen.

Grabwespen: Die meisten Grabwespen nisten im Boden, einige auch in Altholz. Je nach Art werden gelähmte Schmetterlingsraupen, Heuschrecken, Bienen oder Spinnen als Lebendkonserven in den Bau getragen, wo sich die Brut davon ernährt. Von den in Form und Färbung erheblich voneinander abweichenden Arten soll ein typischer Vertreter vorgestellt werden. Grabwespen treten nie gehäuft in Erscheinung, weil sie keine Staaten bilden.

Erdwand im Flurteil «Räben», Blauen-Weide mit Grablöchern verschiedener Hautflügler, unter anderem von Grab- und Wegwespen

Die im Gebiet lebende Grabwespe ***Ammophila sabulosa***. Diese Art lähmt Schmetterlingsraupen (auf dem Bild eine Eulenraupe) mit dem Giftstachel und trägt sie fliegend, bei grossen Beutetieren zu Fuss, in die einzelligen Grabnester ein.

Pflanzenwespen: Auch in dieser recht artenreichen Gruppe variieren die einzelnen Arten hinsichtlich Färbung und Bau erheblich. Im Unterschied zu andern Wespen haben sie keine «Wespentaille». Ihre Pflanzen fressenden Larven werden oft für Schmetterlingsraupen gehalten.

Ein Vertreter der Blattwespen (Tenthredinidae), einer zu den Pflanzenwespen zählenden Familie

Gallwespen: Immer wieder fallen bei Rosenbüschen eigenartige Gebilde auf. Darin befindet sich das Gelege der Rosengallwespe. Die Wirtspflanzen der Gallwespen bilden um das Gelege herum artspezifische Gewebewucherungen. Da die meisten Gallen bildenden Gallwespenarten auf Eichen leben, sind ausser der Rosengallwespe auf den Weiden noch zahlreiche weitere Gallwespenarten zu erwarten.

Gewebewucherung an Rose, verursacht durch die Rosengallwespe *(Diplolepis rosae)*

Ameisen

Zu den Hautflüglern zählen auch Ameisen, obschon man meistens nur ungeflügelte Tiere (= Arbeiterinnen) sieht. Die geflügelten Geschlechtstiere treten nur zur Zeit des Hochzeitsfluges auf.

Am Rand der Weiden befinden sich da und dort grosse Ameisenhaufen aus Pflanzenteilchen. Sie werden von grossen Ameisen der Gattung *Formica* gebaut, zu denen neben sechs weiteren Arten auch die Rote Waldameise gehört.

Daneben findet man auf den Weiden zahlreiche kleine Ameisenhaufen aus Feinerde. Sie werden von kleineren Ameisen der Gattung *Lasius* errichtet. Mindestens zwei *Lasius*-Arten sind auf den Weiden zuhause: die allgemein häufige *Lasius niger* und die gelbliche *Lasius flavus*.

Ameisenhaufen von
Formica cf. pratensis

Formica cf. pratensis
an Blüte des
Grünlichen Breit-
kölbchens

Alex Labhardt, Rodersdorf

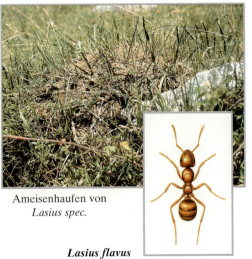

Ameisenhaufen von
Lasius spec.

Lasius flavus

Mit Sicherheit kommen auf den Weiden mehr als zehn Ameisarten vor. Die Gattung *Myrmica* ist durch mehrere Arten vertreten. Sie legen gerne unter Steinen ihre ziemlich kleinen Nester mit jeweils 300 bis 1'000 Arbeiterinnen an. Laut Cesare Baroni Urbani gibt es in unserer Gegend zirka 30 Ameisarten und in der ganzen Schweiz 136 Arten.

19. Käfer

Von dieser grossen Insektenordnung mit gesamtschweizerisch rund 6'500 Arten fällt es schwer, sich einen regionalen Überblick zu verschaffen. Auf den Laufentaler Magerweiden kommen Hunderte von Käferarten vor. Diejenigen, die man regelmässig sieht, sind einesteils weit verbreitete Arten. Anderenteils beherbergen die grossen, jahrhundertealten Laufentaler Magerweiden aber auch zahlreiche Spezialisten, die an die dort herrschenden Lebensbedingungen angepasst sind.

Auf gesamtschweizerischer Ebene ist die Käferfauna recht gut erforscht, regionale Verbreitung und Häufigkeiten sind aber nur bei wenigen Käfergruppen bekannt (z.B. bei Laufkäfern). So können im Rahmen dieses Exkursionsführers in erster Linie Vertreter jener Familien vorgestellt werden, die auf den Weiden häufig anzutreffen sind. Wie bei andern Insektengruppen stellt sich auch bei Käfern das Problem, dass sie vielfach nur für kurze Zeit im Jahr auftreten. Im Frühling sieht man zum Teil andere Arten als im Hochsommer.

Laufkäfer: Etwa sechzig Prozent der Laufkäfer sind nachtaktiv. Der Sandlaufkäfer gehört zu den tagaktiven und ist deshalb und wegen seiner Attraktivität insbesondere auf vegetationslosen Stellen öfters zu sehen. Viele Laufkäfer sind flugunfähig, aber sehr flink am Boden. Sandlaufkäfer dagegen flüchten fliegend, was Sie selber feststellen können. * Mit Hilfe von Bodenfallen lassen sich sowohl nachtaktive wie tagaktive Laufkäfer fangen. Auf einer 1,5 ha grossen Testfläche der Nenzlinger Weide wurden in einer Saison 19 Laufkäferarten festgestellt, darunter einige mit südlicher Verbreitung.

Goldleiste
(Carabus violaceus)
Auf den Magerweiden ist dieser Laufkäfer allerdings durch eine andere Unterart als die abgebildete vertreten.

Sandlaufkäfer *(Cicindela campestris)*. Der lebhafte Sandlaufkäfer ist ein Räuber und am ehesten im Frühling bis Frühsommer zu sehen.

Kurzflügelkäfer: Es handelt sich um schmale Käfer mit kurzen Flügeldecken. Obschon die meisten grösseren Vertreter dieser Familie nachtaktiv sind, sieht man hie und da auch tagsüber einen augenfällig grossen wie die abgebildete Art.

Schwarzer Moderkurzflügler *(Ocypus olens)*

59

Blatthornkäfer: Zu dieser Familie gehören Mai- und Junikäfer sowie der recht häufig auf Blüten von Sträuchern anzutreffende Rosenkäfer. Relativ oft sieht man auf den Magerweiden auch den abgebildeten Pinselkäfer. * Ein besonderer Käfer der Blauen-Weide ist der Mondhornkäfer. Er hält sich meist bei Kuhfladen auf und vergräbt für seine Nachkommenschaft Mist in Gänge.

Pinselkäfer
(Trichius spec.)

Mondhornkäfer *(Copris lunaris)*,
ein Weibchen. Die Männchen haben
ein längeres Kopfhorn.

Schnellkäfer: Die Larven vieler Schnellkäfer leben an Graswurzeln. Die Käfer haben die Eigenschaft, aus der Rückenlage emporzuschnellen. Nehmen Sie einen Schnellkäfer in die Hand und drehen Sie ihn auf den Rücken!

Mausgrauer Schnellkäfer *(Adelocera murina)*,
einer von mehreren Schnellkäfern der Magerweiden

Der **Halsbock** *(Corymbia rubra)*, ein häufiger Bockkäfer, der vor allem am Waldrand zu sehen ist. Seine Larven sind Holzbewohner.

Gemeiner Weichkäfer *(Cantharis cf. rustica)*, ein häufiger Weichkäfer

Bockkäfer und Weichkäfer: Vertreter dieser Familien sieht man häufig auf Blütenständen, zum Beispiel von Doldenblütlern.

Blattkäfer: Von diesen ausschliesslich Blätter fressenden Käfern, zu denen der gefürchtete Kartoffelkäfer zählt, sind auf den Weiden mehrere Arten ziemlich häufig wie der abgebildete Zweipunkt-Fallkäfer. An verschiedenen Stellen kommen am Rande der Magerweiden Pappeln hoch (vor allem Zitterpappeln). Wer systematisch ihre Blätter absucht, kann darauf Pappelblattkäfer entdecken.

Buntkäfer: Der attraktive Bienenwolf ist ein charakteristischer Vertreter der Buntkäferfamilie und auf den Laufentaler Magerweiden gar nicht selten zu sehen. Der Name bezieht sich auf seine Larven, die sich in Bienennestern entwickeln. Der Käfer selber lebt von Blütenpollen und kleineren Insekten.

Zweipunkt-Fallkäfer *(Cryptocephalus bipunctatus)*

Pappelblattkäfer *(Chrysomela populi)*

Bienenwolf *(Trichodes alvearius)*

20. Das Beziehungsgefüge der Magerweide anhand von Beispielen

Beschreibt man ein Gebiet aus naturkundlicher Sicht, so zeigt man die landschaftsprägende geologische Situation auf, die Relief-, Klima- und Bodenverhältnisse sowie den Wasser- und Nährstoffhaushalt der jeweiligen Landschaft. Des weitern wird die dort vorkommende Tier- und Pflanzenwelt charakterisiert. In einem zweiten Schritt geht es darum, das Beziehungsgefüge innerhalb eines Lebensraums zu verstehen. Dabei geht es einerseits um Abhängigkeiten zwischen den jeweiligen Standortfaktoren wie Boden, Klima etc. und den dort lebenden Tieren und Pflanzen und andererseits um Beziehungen innerhalb der Organismenwelt selbst.

Viele verborgene Zusammenhänge können für die Zusammensetzung einer Lebensgemeinschaft entscheidend sein. Gewisse Zusammenhänge kennt man seit Jahrzehnten, andere, ebenfalls wichtige, wurden erst in den letzten zehn Jahren genauer untersucht. Dennoch ist unser Verständnis für Natur und Landschaft nach wie vor beschränkt, weil wir nicht alle in der Natur beteiligten Faktoren kennen, und oft ist es schwierig, abzuschätzen, wie stark ein bestimmter Faktor das ganze Ökosystem beeinflusst. Als Beispiel sei an das «Waldsterben» erinnert, das bis heute nicht hinreichend erklärt werden kann. Das Beziehungsgefüge Magerweide soll hier beispielhaft anhand von zwei zentralen Fragen aufgezeigt werden.

Wie erklärt man sich den Artenreichtum von Magerrasen?

Einige Faktoren, die den Artenreichtum der Magerrasen bewirken, kennt man schon lange. Etwa die standörtliche Vielfalt mit offenen Flächen, Gebüschen, verbrachten Stellen und der Verzahnung von Wald und Weide ergibt eine entsprechende Diversität an Lebensgemeinschaften. Als Beispiel für einen besonderen Kleinstandort soll hier zusätzlich ein Kuhfladen näher betrachtet werden.

Auf und in den Kuhfladen lebt eine Anzahl Tiere, aber auch Pilze (siehe Kapitel 9), die man auf den Weiden ausschliesslich hier findet. Über 100 spezialisierte Insektenarten (Fliegen, Mücken, Käfer) entwickeln sich darin. In einem Fladen leben 1'000 bis 2'000 Insektenlarven. Neben verschiedenen Fliegen (Dipteren) fallen vor allem verschiedene Käfer auf, unter anderem dunkelrot gefleckte der Gattung *Sphaeridium* und unterschiedlich gefärbte der Gattungen *Aphodius* und *Onthophagus*. Ausserdem sind die Kuhfladen bei Bläulingen be-

Einer der charakteristischen Bewohner der Kuhfladen, die **Meridianfliege** *(Mesembrina meridiana)*

Werner Herter, Binningen

liebt. Oft sieht man auf ihnen ganze Gruppen bei der Aufnahme von Mineralstoffen. Die Tiere der Dungstellen haben eine wichtige Funktion. Sie bauen innerhalb einer Saison die Kuhfladen ab. Sonst wäre die Weide von Fladen bald völlig zugedeckt.

Der Reichtum an Insekten auf den Magerweiden lässt sich direkt aus der Vielfalt an Pflanzenarten ableiten. Für Insekten besonders wertvoll sind Pflanzen wie Dost, Feld-Witwenblume, Gemeine Skabiose, Doldenblütler und Disteln. Viele Insekten sind auf eine bestimmte Pflanze angewiesen. Der Enzianbläuling beispielsweise legt die Eier ausschliesslich auf dem seltenen Kreuzblättrigen Enzian ab. Nur dort, wo dieser Enzian in grösserer Zahl vorkommt, kann dieser Bläuling existieren. Auf

Die Käfer der Gattung *Sphaeridium* graben Lüftungstunnel. Ihre Larven leben räuberisch von andern Insektenlarven im Fladen.

Eier des Enzianbläulings *(Maculinea rebeli)* auf Kreuzblättrigem Enzian *(Gentiana cruciata)*

allen drei vorgestellten Weiden fehlt er deshalb. Weiter südwestlich, bei Soyhières, kommt er dagegen vor. In vielen Gebieten ist der Kreuzblättrige Enzian zurückgegangen oder sogar völlig verschwunden. Dieses Beispiel zeigt, dass eine extreme Spezialisierung gefährlich werden kann. Verschwindet etwa durch Änderung der Bewirtschaftung die Wirtspflanze, so sterben lokal alle von ihr abhängigen Tierarten ebenfalls unweigerlich aus.

Rispe der Aufrechten Trespe *(Bromus erectus)*, befallen vom Schimmelpilz *Epichloë bromicola*

Die Artenvielfalt der Magerrasen kommt auch durch subtile und wechselnde Konkurrenzverhältnisse zwischen den Arten zustande. Sie verhindern, dass einzelne Tier- oder Pflanzenarten überhand nehmen. Ein Beispiel ist das Verhältnis zwischen der Aufrechten Trespe, dem dominanten Gras in Magerrasen, und dem auf ihr lebenden Schimmelpilz *Epichloë bromicola*. Der Pilz verhindert das Ausschieben der Rispen, indem er ein auffälliges Geflecht bildet, welches häufig an Stängeln des Grases beobachtet werden kann. Für das Gras hat der Parasit aber den Vorteil, dass von ihm befallene Grashalme vom Vieh weniger gefressen werden. Der Schimmelpilz wirkt also nicht nur schädigend, sondern auch nützlich.

Viele Faktoren, die zum Artenreichtum beitragen, bleiben uns verborgen und können nur experimentell durch Laborversuche nachgewiesen werden. Rund 80 Prozent aller Landpflanzen leben zusammen mit Wurzelpilzen, so genannten Mykorrhizapilzen. Beispielsweise sind die kleinen Samen unserer Orchideen darauf angewiesen, unmittelbar nach der Keimung mit ihrem spezifischen Mykorrhizapilz in Berührung zu kommen. Ansonsten sterben die Orchideenkeimlinge ab. Versuche zeigten, dass sich auf Böden mit vielen verschiedenen Mykorrhizapilzen auch viele Pflanzen entwickeln konnten, während auf sterilisierten Böden ohne Mykorrhizapilze viele Gefässpflanzen nicht aufkamen. Vergleichende Untersuchungen zeigten, dass Magerrasenböden, verglichen mit gedüngten Standorten, viel reicher sind an Mykorrhizapilzen.

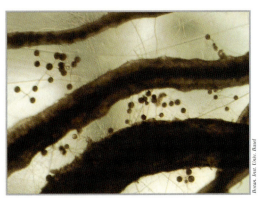

Botan. Inst. Univ. Basel

Mykorrhizapilz an Feinwurzeln
Der Durchmesser der Pilzsporen beträgt 100 µm. Deutlich erkennt man, dass Sporen und Feinwurzeln durch Pilzfäden verbunden sind.

Kann die Artenvielfalt der Magerrasen langfristig erhalten werden?

Für den Naturschutz ist dies eine der zentralen Fragen. Abgesehen von der richtigen Bewirtschaftung der Magerrasen ist es wichtig zu wissen, wie gross die Lebensräume mindestens sein müssen, um eine artenreiche Lebensgemeinschaft langfristig beherbergen zu können. Die Frage lässt sich selbstverständlich nicht pauschal beantworten, weil die verschiedenen Tiere, aber auch Pflanzen sehr unterschiedliche Flächenansprüche haben. Vergleiche mit früheren botanischen Erhebungen haben gezeigt, dass auch in intakten Lebensräumen etliche Pflanzen ausgestorben sind. Kleine Gebiete haben in der Regel auch kleine Populationen. Solche mit weniger als 50 Individuen sind langfristig gefährdet. Jedes Jahr erhobene Zählungen an ausgewählten Pflanzenarten zeigen, dass bei vielen Arten von Jahr zu Jahr grosse Schwankungen auftreten, die nichts über langfristige Trends aussagen. Kleinen Populationen können aber Schwankungen von Jahr zu Jahr, hervorgerufen etwa durch unterschiedliche Witterung, zum Verhängnis werden.

Was früher vermutet wurde, konnte in den letzten Jahren anhand von Fallstudien belegt werden. Kleine Populationen sind oft genetisch weniger vielfältig als grosse. Inzucht und zufallsbedingter Verlust geeigneter Erbanlagen spielen in kleinen Populationen eine grössere Rolle. Genetische Vielfalt ist aber eine Voraussetzung für eine Art, sich an ändernde Umweltbedingungen anpassen zu können.

Beim Deutschen Enzian beispielsweise stellte sich heraus, dass die Blüten grosser Populationen mehr Samen produzieren als Blüten kleiner Populationen.

Etwas sehr Interessantes stellte man bei der Frühlings-Schlüsselblume fest. Bei ihr gibt es Blüten mit langem Griffel und solche mit kurzem. Auf diese Weise wird Selbstbestäubung reduziert bzw. Fremdbestäubung gefördert. In grossen Populationen beträgt das Verhältnis zwischen Blüten mit kurzem und solchen mit langem Griffel annähernd 50 zu 50. In kleinen Populationen kann dieses Verhältnis sehr einseitig werden. In einigen kleinen Populationen wiesen alle Blüten nur kurze oder nur lange Griffel auf. Fremdbestäubung kann dort nicht mehr stattfinden, wodurch diese Populationen zwangsläufig durch Inzucht genetisch verarmen.

Blüten der Frühlings-Schlüsselblume *(Primula veris)*. Links drei Blüten mit kurzem Griffel, rechts drei mit langem Griffel

Die Laufentaler Magerweiden haben aufgrund ihrer Grösse für den Naturschutz grosse regionale Bedeutung. Ihr Artenreichtum hängt eben auch mit der Weite der Weideareale zusammen, und viele spezifische Tier- und Pflanzenarten kommen in so grosser Individuenzahl vor, dass hier ihr Überleben langfristig gesichert scheint. Von hier aus können auch neue Standorte besiedelt werden.

Blick von der Blauen-Weide nach Nenzlingen
Oberhalb des Dorfes erstreckt sich die lang gezogene Nenzlinger Weide.

21. Geologischer Bau

Zum Verständnis von Natur und Landschaft gehört ein Überblick über die regionale geologische Situation. Welche Gesteinsschichten prägen die Landschaft, und wie ist ihre Lage im Raum? Geländeformen und Bodenbedingungen sind in erster Linie Ausdruck der geologischen Situation.

Die drei Magerweiden liegen auf der Südseite des Blauenrückens und der Eggflue. Ein Profil durch den Blauen veranschaulicht die geologischen Schichten:

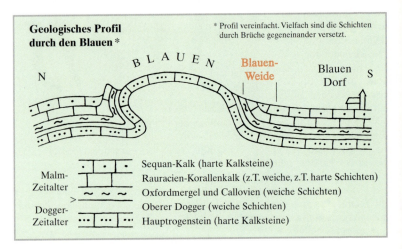

**Geologisches Profil
durch den Blauen***

* Profil vereinfacht. Vielfach sind die Schichten durch Brüche gegeneinander versetzt.

Malm-Zeitalter

Dogger-Zeitalter

Sequan-Kalk (harte Kalksteine)
Rauracien-Korallenkalk (z.T. weiche, z.T. harte Schichten)
Oxfordmergel und Callovien (weiche Schichten)
Oberer Dogger (weiche Schichten)
Hauptrogenstein (harte Kalksteine)

Die drei Magerweiden befinden sich im Bereich des Südschenkels der Blauenfalte. Nord- und Südschenkel der Blauenfalte fallen sehr steil ein. Der Nordschenkel ist sogar zumeist leicht auf das Vorland aufgeschoben worden. Im Scheitel der Falte liegen dagegen die Schichten fast horizontal. Weil die Schichten kofferartig gebogen sind, spricht man bei der Blauenfalte von einer Kofferfalte. Im Scheitel wurden die Malmschichten und der Obere Dogger wegerodiert. Der harte Hauptrogenstein bildet den Rücken des Blauen.

An der Eggflue hingegen bauen weisse Malmkalke den Steilabbruch auf, dessen weisse Kalkwände man von der Bahn aus gut sieht. Im Bereich der Blauenfalte sind die Malmschichten am Nord- und Südschenkel erhalten geblieben. Die Magerweiden liegen teils im Sequankalk, teils im darunter folgenden Korallenkalk des Rauracien. * Auf den Kalkfelsen der Nenzlinger Weide sind Verkarstungen in Form von Löchern und Rillen vorhanden. Karstformen entstehen durch selektive Lösung des Kalkes durch CO_2-haltiges Wasser. Als weitere Karstform sind dort an einigen Stellen dolinenartige Vertiefungen zu sehen.

Die Sequan- und vor allem die Korallenkalke beinhalten nicht nur harte Kalksteinschichten, sondern auch mergelige, weiche Schichten. Auf den Weiden kommt dies gut im Wechsel von felsigen Stellen und sanft ansteigenden, rasigen Partien zum Ausdruck. Die auf wenigen Metern ändernde Geologie führt auf den Weiden zu unterschiedlichen Bodenbedingungen und erklärt dadurch einen Teil der Standortvielfalt.

Wegbiegung im Westteil der Blauen-Weide. Hier sind die Sequankalke aufgeschlossen, die an dieser Stelle mit 20 Grad geneigt sind. Weiter hangaufwärts fallen die Schichten fast senkrecht ein.

Kalkfelsen auf der Nenzlinger Weide Hier handelt es sich um den Korallenkalk aus dem Rauracien-Zeitalter. Die Verkarstung des Steins in Form von Löchern und Rillen ist gut erkennbar.

Die unter dem Korallenkalk liegenden Oxfordtone kommen im Talkessel von Dittingen, gerade oberhalb der Kirche, zum Vorschein. Noch besser zu sehen sind sie im Tälchen zwischen Nenzlinger Weide und Blauen-Weide. Im heutigen Naturschutzgebiet «Lättenloch» (siehe Seite 70) wurden früher die Oxfordtone für die Zementproduktion abgebaut. Die unteren Malmschichten (Oxfordtone und Korallenkalke) sind reich an Fossilien. Dittingen hat mehrere reiche Fundstellen. Die eine betrifft die oben erwähnte Stelle oberhalb der Kirche, die andere liegt beim Reservoir am «Ritteberghollen» (Die BesucherInnen werden gebeten, nur lose Steine zu betrachten und kein frisches Gesteinsmaterial loszubrechen).

1

2

Seeigel-Stängel (links), das Fossil *Terebratula* (Mitte) und rechts die turmförmige Schnecke *Nerinea laufonensis* aus dem Korallenkalk des Rauracien von Dit-

Stück eines versteinerten Korallenstocks, gefunden auf der Blauen-Weide. Der Reichtum an fossilen Korallen gab dem Korallenkalk den Namen.

tingen. Seeigel kommen vor allem an der Basis der Korallenkalke vor, Nerineen und die *Terebratula* im Rauracien und Sequanien. Lose Versteinerungen werden oft bis in die Oxfordtone verschleppt.

Weite Hangbereiche der Weiden sind von feinem Kalkschutt überdeckt. Bei ehemaligen Abbaustellen (Griengruben), an denen Mergel für den Wegunterhalt entnommen wurde, sieht man den meterdicken Hangschutt am besten.

22. Die Wälder oberhalb der Weiden

Die Wälder oberhalb der Weiden sind dieselben, die ursprünglich anstelle der Weiden vorhanden waren. Entsprechend den trockenwarmen Weiderasen handelt es sich ebenfalls um Wälder trockener und warmer Standorte. Pflanzensoziologisch betrachtet sind es so genannte Seggen-Buchenwälder, die im Jura überall an sonnigen Süd- bis Westlagen stocken. * Oberhalb der Blauen-Weide führt der Weg durch einen solchen Wald. Eine weitere gute Stelle befindet sich oberhalb der Dittinger Weide beim Kreuz (siehe Übersichtspläne), und von hier aus kann man dem Weg folgen, der zum Schiessstand von Dittingen am Fusse der Weide führt. Dieser Hang trägt einen sehr schön ausgebildeten Seggen-Buchenwald.

Der Bestand oberhalb der Blauen-Weide auf knapp 700 m über Meer weist aber deutliche Unterschiede zu den tiefer gelegenen von Dittingen auf. Die Höhendifferenz bewirkt einen spürbaren klimatischen Unterschied. Im Seggen-Buchenwald oberhalb der Blauen-Weide macht sich bereits das Bergklima bemerkbar. Die für diese Waldgesellschaft charakteristische Weiss-Segge

Seggen-Buchenwald oberhalb der Blauen-Weide mit zahlreichen Weiss-Tannen (*Abies alba*)

fehlt, und im Jungwuchs kommt die für die Bergstufe charakteristische Weiss-Tanne auf. Die tiefer gelegenen Seggen-Buchenwälder oberhalb der Dittinger Weide entsprechen mehr dem typischen Bild mit viel Weiss-Segge und weiteren Charakterarten. Eine dieser Charakterarten ist das Immenblatt. Es wächst oft am Waldrand, zusammen mit der Stinkenden Nieswurz.

Stinkende Nieswurz (*Helleborus foetidus*)
Wie die Orchideen der Weiden hat diese Waldpflanze einen mediterranen Jahreszyklus:
sie entwickelt sich im ausgehenden Winter und blüht oft bereits Ende Februar.

Felix Labhardt, Basel

Immenblatt (*Melittis melissophyllum*),
der Lippenblütler mit den grössten Blüten bei uns

Fast reiner Föhrenwald am «Ritteberghollen» oberhalb der Dittinger Weide

Im Seggen-Buchenwald wachsen von Natur aus einzelne Wald-Föhren. Gewisse Partien bestehen aber fast ausschliesslich aus ihnen. Liegt dort eine andere Waldgesellschaft vor? Diese Bestände bestehen in der Mehrzahl erst seit dem 19. Jahrhundert. Die Föhre ist eine Lichtholzart und bildete auf den neuen Waldstandorten fast Reinbestände. In der natürlichen Waldentwicklung werden die Föhren später von der Buche verdrängt. Die Buche ist eine Schattholzart, d.h. sie wächst im Schatten anderer Bäume hoch. Die reinen Föhrenwälder sind also zum grossen Teil junge, unausgereifte Seggen-Buchenwälder.

Am «Ritteberghollen» dürften aber gewisse Föhrenbestände einen Dauerwald darstellen. Der Boden ist dort mergelig und in der Folge wechselfeucht. Auf solchen Böden hat die Buche Mühe und kann deshalb die Föhre nicht verdrängen. Natürliche Föhrenbestände auf wechselfeuchten Böden werden pflanzensoziologisch als Orchideen-Föhrenwald bezeichnet. Beim Reservoir (siehe Übersichtsplan) wachsen denn auch typische Pflanzen dieser Waldgesellschaft wie das Pfeifengras und die Ästige Graslilie in dichten Beständen.

Orchideen-Föhrenwald oberhalb des Reservoirs von Dittingen im Herbst mit gelb gewordenem Pfeifengras *(Molinia arundinacea)* vor Wald-Föhren *(Pinus sylvestris)*

2

Ulrich Kienzle, Basel

23. Feuchtgebiet «Lättenloch» östlich «Blauen Reben»

Feuchtwiese im Frühling, lila blühend: Wiesen-Schaumkraut *(Cardamine pratensis)*, gelb blühend: Sumpf-Dotterblume *(Caltha palustris)*

Am Weg zwischen «Blauen Reben» und Nenzlinger Weide kommt man an einer feuchten Talsenke vorbei. Das schattige Tal stellt einen Kontrast zu den trocken-warmen Magerweiden dar und weist eine entsprechend andersartige Tier- und Pflanzenwelt auf.

- In der Waldwiese fehlen sämtliche Charakterarten der Magerweiden. Hier liegt eine Feuchtwiese vor. In den höheren Teilen der Feuchtwiese blüht im Frühling das Wiesen-Schaumkraut in dichten Beständen, in den tieferen, besonders feuchten die Sumpf-Dotterblume. Bis zum Sommer entwickeln sich dort hochwüchsige Seggen und charakteristische Hochstauden.

- Geht man ein kurzes Stück den Weg in Richtung Blattenpass, so gelangt man auf der linken Seite ins Naturschutzgebiet «Lättenloch» (ein Trampelpfad führt hindurch). Die ehemalige Lehmgrube steht seit 1983 unter Naturschutz. Vom Frühling bis August lohnt sich ein Abstecher dorthin.

Weisse Sumpfwurz *(Epipactis palustris)*

Im Frühling sieht man in den Tümpeln Grasfrösche und Erdkröten beim Laichgeschäft (März bis spätestens April), ausserdem leben hier Feuersalamander, Berg- und Fadenmolch sowie recht viele Geburtshelferkröten. Letztere sind zwar schwierig zu sehen (vielleicht entdecken Sie trotzdem welche), dafür rufen sie tagsüber regelmässig (die in Serie erzeugten Rufe erinnern an Glockengeläute). Ehemalige Lehmgruben stellen für mehrere Amphibienarten oft wertvolle Laichstandorte und Sommerlebensräume dar. * Recht artenreich ist auch die Wasser- und Uferflora der Tümpel; darunter befinden sich mehrere eingebrachte Pflanzen wie der Fieberklee. Im Hochsommer finden sich auch hier die typischen Hochstauden sumpfiger Lebensräume.

Im Juli muss man sich unbedingt den Hang oberhalb der Tümpel ansehen. Dort ist eine in der Region Basel sehr seltene Pflanzengesellschaft ausgebildet. Es handelt sich um einen Hangsumpf mit zahlreichen Orchideen und dem charakteristischen Pfeifengras. Unter den Orchideen ist die Weisse Sumpfwurz hervorzuheben. Von ihr existieren in der Region Basel nur ganz wenige Standorte. Die nächst liegende Örtlichkeit, wo dieser Vegetationstyp gut ausgebildet ist, befindet sich bei Diegten (Naturschutzgebiet Chilpen).

Wie gross ist der Artenrückgang in den verschiedenen Lebensräumen? Nur bei wenigen Tier- und Pflanzengruppen kann man dies genauer beurteilen, da entsprechende Aufzeichnungen oft fehlen. Für Gefässpflanzen sind am ehesten Vergleiche mit früher möglich. Gemäss der Roten Liste für den Kanton Basel-Landschaft (1989) sind im alten Kantonsteil seit dem 19. Jahrhundert rund fünfzehn Prozent aller Gefässpflanzen ausgestorben, bzw. ausgerottet worden. Im Laufental ist der Verlust viel geringer (zirka sieben Prozent). Die Flora der Wälder, der Flühe und der Magerrasen ist hier noch nahezu intakt, bzw. büsste nur wenige Arten ein (null bis ein Prozent). Markante Verluste sind bei Feuchtgebietspflanzen (Sümpfe und Auen) und bei der Ackerbegleitflora zu verzeichnen. Es verschwanden auch einige Pflanzen von Unkrautstellen.

Gefässpflanzen

Auswahl an häufigen und/oder charakteristischen Pflanzen der Magerweiden (von insgesamt gut 500 Arten aller drei Weiden). Basierend auf Inventaren vor allem von Ulrich Kienzle und der «Flora von Basel und Umgebung» 1997/99. Namen gemäss dieser Flora.

Sträucher	Gemeiner Wacholder	*Juniperus communis*
	Gewöhnliche Berberitze	*Berberis vulgaris*
	Espe = Zitter-Pappel	*Populus tremula*
	Filzige Zwergmispel	*Cotoneaster tomentosus*
	Holz-Apfel	*Malus sylvestris*
	Wild-Birne	*Pyrus pyraster*
	Mougeots Mehlbeerbaum	*Sorbus mougeotii*
	Felsenbirne, Felsenmispel	*Amelanchier ovalis*
	Zweifarbige Brombeere	*Rubus bifrons*
	Filzige Brombeere	*R. canescens*
	Wein-Rose	*Rosa rubiginosa*
	Kleinblütige Rose	*R. micrantha*
	Hohe Hecken-Rose	*R. agrestis*
	Rauhblättrige Rose	*R. jundzillii*
	Filzige Rose	*R. tomentosa*
	Busch-Rose	*R. corymbifera*
	Falsche Hunds-Rose	*R. vosagiaca*
	Felsenkirsche	*Prunus mahaleb*
	Gemeiner Kreuzdorn	*Rhamnus cathartica*
	Faulbaum	*Frangula alnus*

Einkeimblättrige	Westfälischer Schaf-Schwingel	*Festuca guestfalica*
(Gräser,	Gemeines Straussgras	*Agrostis capillaris*
Orchideen etc.)	Dreizahn	*Danthonia decumbens*
	Rohr-Pfeifengras	*Molinia arundinacea*
	Gemeine Kammschmiele	*Koeleria pyramidata*
	Zittergras	*Briza media*
	Filzfrüchtige Segge	*Carex tomentosa*
	Gelbe Segge	*C. flava*
	Kleinfrüchtige Segge	*C. lepidocarpa*
	Hosts Segge	*C. hostiana*
	Ästige Graslilie	*Anthericum ramosum*
	Fliegen-Ragwurz	*Ophrys insectifera*
	Bienen-Ragwurz	*O. apifera*
	Spinnen-Ragwurz	*O. sphegodes*
	Hummel-Ragwurz	*O. holosericea*
	Kleine Orchis	*Orchis morio*
	Angebrannte Orchis	*O. ustulata*
	Helm-Orchis	*O. militaris*
	Ohnsporn	*Aceras anthropophorum*
	Spitzorchis	*Anacamptis pyramidalis*
	Riemenzunge	*Himantoglossum hircinum* (evtl. verschollen, früher Blauen-Weide)
	Hohlzunge	*Coeloglossum viride*
	Langspornige Handwurz	*Gymnadenia conopsea*
	Wohlriechende Handwurz	*G. odoratissima*
	Grünliches Breitkölbchen	*Platanthera chlorantha*

	Weisses Breitkölbchen	*Platanthera bifolia*
	Weisses Waldvögelein	*Cephalanthera damasonium*
	Langblättriges Waldvögelein	*C. longifolia*
	Weisse Sumpfwurz	*Epipactis palustris* (Lättenloch)
	Braunrote Sumpfwurz	*E. atrorubens*
	Herbst-Wendelähre	*Spiranthes spiralis*

Zweikeimblättrige Kräuter und Zwergsträucher	Pyrenäen-Bergflachs	*Thesium pyrenaicum*
	Gemeiner Bergflachs	*T. alpinum*
	Kartäuser-Nelke	*Dianthus carthusianorum*
	Nickendes Leimkraut	*Silene nutans*
	Niedriges Hornkraut	*Cerastium pumilum*
	Kleinblütiges Hornkraut	*C. brachypetalum*
	Kleine Wiesenraute	*Thalictrum minus*
	Sonnenröschen	*Helianthemum nummularium*
	Acker-Täschelkraut	*Thlaspi arvense*
	Mauer-Doppelsame	*Diplotaxis muralis*
	Gemeines Steinkraut	*Alyssum alyssoides*
	Rauhaarige Gänsekresse	*Arabis hirsuta*
	Scharfer Mauerpfeffer	*Sedum acre*
	Milder Mauerpfeffer	*S. sexangulare*
	Herzblatt, Studentenröschen	*Parnassia palustris*
	Gemeiner Tormentill	*Potentilla erecta*
	Frühlings-Fingerkraut	*P. neumanniana*
	Hügel-Erdbeere	*Fragaria viridis*
	Wiesen-Frauenmantel	*Alchemilla vulgaris agg.*

Blauen-Weide Ende Mai

Zweikeimblättrige
Kräuter und
Zwergsträucher
(Forts.)

Deutscher Ginster	*Genista germanica*
Färber-Ginster	*G. tinctoria*
Behaarter Ginster	*G. pilosa*
Flügel-Ginster	*G. sagittalis*
Mittlerer Klee	*Trifolium medium*
Gelblicher Klee	*T. ochroleucon*
Berg-Klee	*T. montanum*
Wundklee	*Anthyllis vulneraria s.l.*
Spargelerbse	*Tetragonolobus maritimus*
Hufeisenklee	*Hippocrepis comosa*
Dornige Hauhechel	*Ononis spinosa*
Purgier-Lein	*Linum catharticum*
Bärenschote	*Astragalus glycyphyllos*
Bittere Kreuzblume	*Polygala amarella*
Schopfige Kreuzblume	*P. comosa*
Gemeine Kreuzblume	*P. vulgaris*
Warzige Wolfsmilch	*Euphorbia verrucosa*
Sichelblättriges Hasenohr	*Bupleurum falcatum*
Kleine Bibernelle	*Pimpinella saxifraga*
Hirschwurz	*Peucedanum cervaria*
Breitblättriges Laserkraut	*Laserpitium latifolium*
Durchwachsener Bitterling	*Blackstonia perfoliata*
Echtes Tausendgüldenkraut	*Centaurium erythraea*
Gefranster Enzian	*Gentianella ciliata*
Deutscher Enzian	*G. germanica*
Kreuzblättriger Enzian	*Gentiana cruciata*
Frühlings-Enzian	*G. verna*
Gebräuchliche Hundszunge	*Cynoglossum viride*
Blauer Steinsame	*Lithospermum officinale*
Genfer Günsel	*Ajuga genevensis*
Salbeiblättriger Gamander	*Teucrium scorodonia*
Berg-Gamander	*T. montanum*
Edel-Gamander	*T. chamaedrys*
Grossblütige Brunelle	*Prunella grandiflora*
Weisse Brunelle	*P. laciniata*
	(«Hard» oberhalb Zwingen)
Schmalblättriger Hohlzahn	*Galeopsis angustifolia*
Gebräuchliche Betonie	*Stachys officinalis*
Aufrechter Ziest	*St. recta*
Klebrige Salbei	*Salvia glutinosa*
Steinquendel	*Acinos arvensis*
Arznei-Thymian	*Thymus pulegioides*
Froelichs Thymian	*T. froelichianus*
Wirbeldost	*Clinopodium vulgare*
Wald-Bergminze	*Calamintha menthifolia*
Scheerers Ehrenpreis	*Veronica prostrata*
	ssp. scheereri
Gamanderartiger Ehrenpreis	*V. teucrium*
Wiesen-Augentrost	*Euphrasia rostkoviana*
Heide-Augentrost	*E. stricta*
Kleiner Klappertopf	*Rhinanthus minor*
Zottiger Klappertopf	*R. alectorolophus*
Labkraut-Sommerwurz	*Orobanche caryophyllacea*
Gamander-Sommerwurz	*O. teucrii*
Gemeine Kugelblume	*Globularia punctata*

Hügel-Waldmeister	*Asperula cynanchica*
Kreuzlabkraut	*Cruciata laevipes*
Gelbes Labkraut	*Galium verum*
Niedriges Labkraut	*G. pumilum*
Abbisskraut	*Succisa pratensis*
Gemeine Skabiose	*Scabiosa columbaria*
Knäuel-Glockenblume	*Campanula glomerata*
Rundblättrige Glockenblume	*C. rotundifolia*
Rundköpfige Rapunzel	*Phyteuma orbiculare*
Berg-Aster	*Aster amellus*
Gemeines Katzenpfötchen	*Antennaria dioica*
Weiden-Alant	*Inula salicina*
Weidenblättriges Rindsauge	*Buphthalmum salicifolium*
Straussblütige Margerite	*Tanacetum corymbosum*
Nickende Distel	*Carduus nutans*
Silberdistel	*Carlina acaulis*
Golddistel	*C. vulgaris*
Stängellose Kratzdistel	*Cirsium acaule*
Knollige Kratzdistel	*C. tuberosum*
Skabiosen-Flockenblume	*Centaurea scabiosa*
Herbst-Löwenzahn	*Leontodon autumnalis*
Rotfrüchtiges Pfaffenröhrlein	*Taraxacum laevigatum*
Trauben-Pippau	*Crepis praemorsa*
Öhrchen-Habichtskraut	*Hieracium lactucella*
Doldiges Habichtskraut	*H. umbellatum*

Dittinger Weide im Hochsommer

Insekten

Heuschrecken

Für alle drei Weiden (Dittinger Weide = D, Blauen-Weide = B, Nenzlinger Weide = N) vorwiegend nach Felderhebungen von Dieter Thommen. Zusätzlich für eine 1,5 ha grosse Untersuchungsfläche der Nenzlinger Weide gemäss G. Heinrich Thommen 1993. Insgesamt 26 Arten:

Gemeine Sichelschrecke	*Phaneroptera falcata*	(D, B, N)
Laubholz-Säbelschrecke	*Barbitistes serricauda*	(D, B)
Punktierte Zartschrecke	*Leptophyes punctatissima*	(D, B)
Gemeine Eichenschrecke	*Meconema thalassinum*	(D, B, N)
Grünes Heupferd	*Tettigonia viridissima*	(D, B, N)
Warzenbeisser	*Decticus verrucivorus*	(D, B, N)
Westliche Beissschrecke	*Platycleis albopunctata*	(D, B, N)
Roesels Beissschrecke	*Metrioptera roeseli*	(D, B, N)
Zweifarbige Beissschrecke	*M. bicolor*	(D, B, N)
Kurzflügelige Beissschrecke	*M. brachyptera*	(N)
Gewöhnliche Strauchschrecke	*Pholidoptera griseoaptera*	(D, B, N)
Feldgrille	*Gryllus campestris*	(D, B, N)
Waldgrille	*Nemobius sylvestris*	(D, B, N)
Säbeldornschrecke	*Tetrix subulata*	(D)
Langfühler-Dornschrecke	*T. tenuicornis*	(D, B, N)
Zweipunkt-Dornschrecke	*T. bipunctata*	(D)
Rotflügelige Schnarrschrecke	*Psophus stridulus*	(D)
Blauflügelige Ödlandschrecke	*Oedipoda caerulescens*	(D, B)
Kleine Goldschrecke	*Euthystira brachyptera*	(D, B, N)
Grosse Goldschrecke	*E. dispar*	(N)
Heidegrashüpfer	*Stenobothrus lineatus*	(D, B, N)
Buntbäuchiger Grashüpfer	*Omocestus rufipes*	(D, B, N)
Rote Keulenschrecke	*Gomphocerippus rufus*	(D, B, N)
Nachtigall-Grashüpfer	*Chorthippus biguttulus*	(D, B, N)
Gemeiner Grashüpfer	*Ch. parallelus*	(D, B, N)
Wiesen-Grashüpfer	*Ch. dorsatus*	(N)

Tagfalter und Widderchen

Gemäss Feldaufnahmen von Florian Altermatt auf der Nenzlinger Weide (=N), von Sólveig Tribolet (=so) auf der Dittinger Weide (=D) und Oliver Balmer (=nlu) auf allen drei Weiden; Blauen-Weide=B. Nicht alle drei Weiden wurden gleich gründlich untersucht. Namen gemäss Pro Natura-Schmetterlingsbuch.

Schwalbenschwanz	*Papilio machaon*	(N, B, D)
Segelfalter	*Iphiclides podalirius*	(D, zuletzt in den 1980er Jahren nachgewiesen)
Tintenfleckweissling	*Leptidea sinapis*	(N, B, D)
Hufeisenkleeheufalter	*Colias alfacariensis*	(N, B)
Gemeiner Heufalter	*C. hyale*	(N, D)
Postillon	*C. crocea*	(N)
Kleiner Kohlweissling	*Pieris rapae*	(N, B, D)
Grosser Kohlweissling	*P. brassicae*	(N)
Grünaderweissling	*P. napi*	(N, D)
Aurorafalter	*Anthocharis cardamines*	(N, D)
Zitronenfalter	*Gonepteryx rhamni*	(N, D)
Kleiner Eisvogel	*Limenitis camilla*	(N)
Tagpfauenauge	*Inachis io*	(N, D)
Admiral	*Vanessa atalanta*	(N, D)
Distelfalter	*Cynthia cardui*	(N, D)
Kleiner Fuchs	*Aglais urticae*	(N, B, D)
C-Falter	*Polygonia c-album*	(D)
Landkärtchen	*Araschnia levana*	(D)
Kaisermantel	*Argynnis paphia*	(N, D)
Hainveilchenperlmutterfalter	*Clossiana dia*	(N, B, D)
Grosser Perlmutterfalter	*Mesoacidalia aglaja*	(D)
Kleiner Perlmutterfalter	*Issoria lathonia*	(D)
Westlicher Scheckenfalter	*Mellicta parthenoides*	(N, D, B)
Wachtelweizenscheckenfalter	*M. athalia*	(N, B)
Schachbrettfalter	*Melanargia galathea*	(N, B, D)
Rostbinde	*Hipparchia semele*	(N, B, D)
Weisser Waldportier	*Brintesia circe*	(N, B)
Grosses Ochsenauge	*Maniola jurtina*	(N, B, D)
Brauner Waldvogel	*Aphantopus hyperantus*	(N, B, D)
Mauerfuchs	*Lasiommata megera*	(N, B, D)
Kleines Wiesenvögelchen	*Coenonympha pamphilus*	(N, B, D)
Waldteufel	*Erebia aethiops*	(D)
Waldmohrenfalter	*E. ligea*	(D)
Waldbrettspiel	*Pararge aegeria*	(N)
Brombeerzipfelfalter	*Callophrys rubi*	(D so)
Nierenfleck	*Thecla betulae*	(N, B)
Akazienzipfelfalter	*Nordmannia acaciae*	(N, nachgewiesen in den 1980er Jahren von A. Erhardt)
Schlehenzipfelfalter	*Satyrium spini*	(N)

Dunkler Feuerfalter	*Lycaena tityrus*	(N)
Zwergbläuling	*Cupido minimus*	(N, D)
Violetter Waldbläuling	*Cyaniris semiargus*	(N, B, D)
Himmelblauer Bläuling	*Lysandra bellargus*	(N, B, D)
Silbergrüner Bläuling	*L. coridon*	(N, B, D)
Steinkleebläuling	*Plebicula dorylas*	(N, B)
Esparsettenbläuling	*P. thersites*	(N)
Dunkelbrauner Bläuling	*Aricia agestis*	(N, B, D)
Hauhechelbläuling	*Polyommatus icarus*	(N, B, D)
Gelbwürfliger Dickkopffalter	*Carterocephalus palaemon*	(N)
Braunkolbiger Braundickkopffalter	*Thymelicus sylvestris*	(N, B, D)
Mattscheckiger Braundickkopffalter	*T. acteon*	(B)
Weissfleckiger Kommafalter	*Hesperia comma*	(N, B, D)
Mattfleckiger Kommafalter	*Ochlodes venatus*	(N, D)
Roter Würfelfalter	*Spialia sertorius*	(N, B, D)
Dunkler Dickkopffalter	*Erynnis tages*	(N, B)
Kleiner Nördlicher Würfelfleckfalter	*Pyrgus malvae*	(N, D)
Zweibrütiger Würfelfalter	*P. armoricanus*	(N, B)
Schwarzbrauner Würfelfalter	*P. serratulae*	(D)
Gemeines Widderchen	*Zygaena filipendulae*	(N, B, D)
Hufeisenklee-Widderchen	*Z. transalpina*	(B)
Sonnenröschen-Grünwidderchen	*Adscita geryon*	(D, Lüthi 2001)

Hummeln

Alle drei Weiden wurden 1990/91 von Stephan Durrer untersucht.

Echte Hummeln	Veränderliche Hummel	*Bombus humilis*	(häufig)
	Gartenhummel	*B. hortorum*	(häufig)
	Deichhummel	*B. distinguendus*	(sehr selten)
	Steinhummel	*B. lapidarius*	(häufig)
	Helle Erdhummel	*B. lucorum*	(häufig)
	Ackerhummel	*B. pascuorum*	(sehr häufig)
	Wiesenhummel	*B. pratorum*	(mittelhäufig)
	Grashummel	*B. ruderarius*	(selten)
	Waldhummel	*B. sylvarum*	(selten)
	Dunkle Erdhummel	*B. terrestris*	(sehr häufig)
	Sandhummel	*B. veteranus*	(selten)
Kuckuckshummeln	Feld-Kuckuckshummel	*Psithyrus campestris*	
	–	*P. barbutellus*	
	–	*P. bohemicus*	
	–	*P. rupestris*	
	Wald-Kuckuckshummel	*P. sylvestris*	
	Keusche Schmarotzerhummel	*P. vestalis*	

Laufkäfer der Nenzlinger Weide

Gemäss Untersuchung von Henryk Luka 1994 mittels Bodenfallen auf einer 1,5 ha grossen Fläche. 19 Arten:

Grosser Brettläufer	*Abax parallelepipedus*
Erzfarbener Kamelläufer	*Amara aenea*
Schmaler Wiesen-Kamelläufer	*Amara communis*
Gedrungener Wiesen-Kamelläufer	*Amara convexior*
Dunkelhörniger Kamelläufer	*Amara lunicollis*
Gewöhnlicher Rotstirnläufer	*Anisodactylus binotatus*
Kleiner Rotstirnläufer	*Anisodactylus nemorivagus*
Kleiner Bombardierkäfer	*Brachinus explodens*
Grosser Kahnläufer	*Calathus fuscipes*
Lederlaufkäfer	*Carabus coriaceus*
Purpurrandiger Laufkäfer	*Carabus purpurascens*
Blauhals-Schnelläufer	*Harpalus dimidiatus*
Gewöhnlicher Dammläufer	*Nebria brevicollis*
Geflecktfühleriger Haarschnelläufer	*Parophonus maculicornis*
Bunter Enghalsläufer	*Anchomenus dorsalis*
Gewöhnlicher Buntgrabläufer (= Kupferlaufk.)	*Poecilus cupreus*
Gewöhnlicher Grabläufer	*Pterostichus melanarius*
Flachäugiger Grabläufer	*Pterostichus ovoideus*
Gewöhnlicher Flinkläufer	*Trechus quadristriatus*

Blick von der Nenzlinger Weide Richtung Blauen
im Herbst

Übersichtspläne

1:17 000 (1 cm = 170 m)

Ausschnitt aus der Landeskarte 1:25 000, Blätter 1067 «Arlesheim» und 1087 «Passwang».
Reproduziert mit Bewilligung des Bundesamtes für Landestopographie (BA024589).

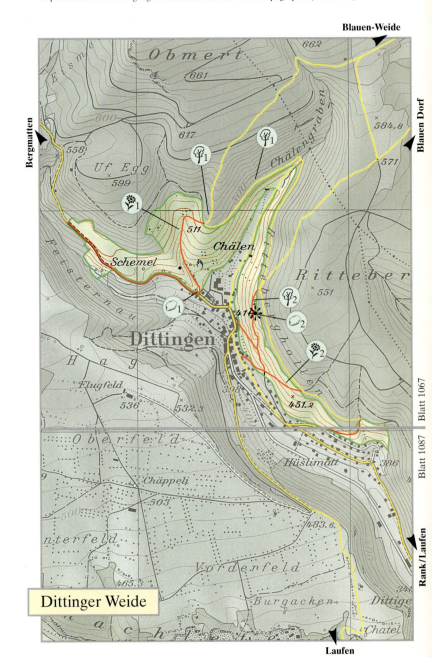

Dittinger Weide